瀬戸内の経済人

人と企業の歴史に学ぶ24話

赤井克己

吉備人出版

瀬戸内の経済人●目次

Ⅰ　明治編

Ⅱ　大正編

カバーデザイン・稲岡健吾デザイン室

I 明治編

塩田王　野崎武左衛門、武吉郎

家訓に残された家族愛、家業愛

●—豪壮華麗な旧野崎家住宅

倉敷市児島味野の旧野崎家住宅。「塩田王」と呼ばれた野崎武左衛門（1789〜1864）の豪壮な自宅である。敷地面積約1万平方メートルに、御成門、贅を尽くした表書院と中座敷、瀟洒《しょうしゃ》な3席の茶室、5棟の土蔵など二十数棟（延べ床面積約3300平方メートル）が整然と並ぶ。表書院に面した枯山水の庭園は、石組みの配列と植え込みが美しい。

武左衛門はこの豪邸を幕末の天保から嘉永年間にかけてつくった。表書院が完成した嘉永5（1852）年には、岡山藩家老池田伊賀が5日間滞在したのをはじめ、安政3（1856）年藩主池田慶政に続き、文久3（1863）年には藩主池田茂政も宿泊したという由緒ある〝民家〟である。

この建物、庭園は昭和52（1977）年岡山県指定史跡になり、瀬戸大橋開通一年前の同62（1987）年4月から一般公開された。幕末の建物、庭園が当時そのままに、これほど完全に保存されているのは珍しいとされる。平成18（2006）年12月19日国指定重要文化財。

今では年間4万人が訪れる倉敷市児島地区の観光名所だが、この豪邸建築を可能にしたのは、武左衛門が一代で築きあげた財力であることは言うまでもない。

●—足袋製造販売から塩田王、大地主へ

国指定重要文化財の旧野﨑家住宅

武左衛門は児島郡味野村（現倉敷市児島）の農家に生まれたが、若いころから同地の特産品足袋を瀬戸内沿岸各地に売り歩いた。20年足らずの間にひとかどの財（銀120貫目）をなしたという。

だが武左衛門は文政10（1827）年、突然、足袋の製造販売を止め、塩つくりを決断する。「味野、赤崎浜に塩田を開発したい」という請願書を郡奉行に提出、翌年許可された。38歳の時である。赤穂、竹原、三田尻など瀬戸内の塩田地帯に足袋を売り歩くうちに、塩田造成を左右する堤防築造について独自案を考えつき、その成功に自信を持った結果という（多和和彦著「野﨑武左衛門」）。

後妻・町の叔父、天城村大庄屋中島富次郎に塩田経営を相談、資金援助を得て、この独自築堤法で文政11（1828）年味野村32ヘクタール、同12（1829）年赤崎村16ヘクタール、計約48

野崎武左衛門

ヘクタールの野崎浜塩田（現倉敷市）を完成、「日本一の塩田王」への第一歩を踏み出す。

このあと、矢つぎ早に塩田開発に着手、日比（現玉野市）12ヘクタール、東野崎浜（同）73ヘクタール、邑久郡久々井浜（現瀬戸内市）8ヘクタールなど約150ヘクタールの塩田を造成した。

武左衛門は「塩田王」の名称が先行、塩田開発ばかりが脚光を浴びているが、新田開発の方が、はるかに規模が大きい。武左衛門は紆余曲折の末、嘉永2（1849）年藩命により福田新田（現倉敷市北畝、中畝、南畝、東塚、松江）543ヘクタール（広さについては諸説がある）の干拓に着手した。

予想外の地盤沈下、台風による堤防の決壊などに苦しみながらも、塩田の築堤技術を活用、同4（1851）年に完成させた。うち61ヘクタールを自ら所有、数年後には133ヘクタールにふやすなど岡山藩きっての大地主でもあった。天保4（1833）年大庄屋を命じられており、弘化4（1847）年苗字帯刀、5人扶持を許され、大塩田経営者、大地主としての地位をゆるぎないものにしている。

一方では、福田新田着手以降、藩に塩30俵（5斗入り）を毎年永代上納、文久3（1863）年からは軍用塩100俵も上納するなど政商らしい動きも見せる。この年には藩に1万両も上納している。

●─大富豪ゆえの苦悩も

才覚と努力で巨富を築き上げた武左衛門だが、大きな悩みがあった。死去直前に書いた7カ条の「松寿院野﨑翁遺訓」を読むとき、後継者に対する切々とした肉親の情に打たれる。武左衛門は元治元（1864）年8月29日75歳で死去したが、遺訓は臨終の枕元でしたためられた遺言状に相当するものである（野﨑家旧宅内、土蔵を転用した塩業歴史館にコピーが展示されている）。

武左衛門は58歳のときにも「家務ならびに融通銀仕法様」という足袋販売から塩田開発、経営にいたる経過を子孫のために書き残した長文があるが、この遺訓には残された後継者への深い家族愛が感じられる。

野﨑家の書庫に所蔵されていた同家の塩の生産、流通過程の膨大な資料を十数年かけて解明した「備前児島野﨑家の研究」（ナイカイ塩業社史編纂委員会編）にその7カ条全文が記載されている。要旨は次の通り。

「資産は塩田、田地、金銭に3分割して運用せよ」

「新たな事業を起こして金儲けをするな」

「無用なことに金を使うな、ただし公益性あるものには惜しむな」

「家を新築する時は、後年取り壊し、売りやすいよう考えて建てろ」

「事業がうまく運ばなくなった時は、世間に隠し立てするな」

「人を使うものは、好き嫌いのないようにせよ」

「新規のこと、込み入ったことなどは、親類、主だった使用人などに相談して決めよ」

こと細かに、まるで子供を諭すように述べられていると感じるかも知れないが、その通りである。後継者は孫の武吉郎（1848〜1925）で、この時わずか17歳。愛情と苦悩に満ちた遺訓である。

野崎武吉郎

●—遺訓を守り、さらに発展させた武吉郎

武左衛門はなぜ膨大な資産を孫の武吉郎に相続させねばならなかったのか？　理由は簡単である。武左衛門は3人の子息に先立たれているからだ。二男亀次郎は天保4（1833）年5歳の時に、三男健治も嘉永2（1849）年16歳で早世。長男常太郎にいったん家督を譲ったが、安政2（1855）年35歳で死去した。武左衛門はすでに66歳になっていた。常太郎の死後、家督を再び自分に復したが、人の子の親として、この時の武左衛門の落胆、悲しみは想像を絶するものがあっただろうと思われる。

このため武左衛門は臨終に当たり、長男常太郎の子・武吉郎に遺訓を残して、資産の管理運営などすべてを託したのだった。

「遺《のこ》しおく　教え守らば　生《うみ》の子の　千代に八千代に　家は栄えん」の辞世にも、武左衛門の万感の心情が察せられる。

では、わずか17歳で藩内随一の塩田、耕作地の大地主となった武吉郎の心情はどうだったか？　おそらく「富豪の家に生まれることは、なんと厳しく、つらいことか」と、世間がうらやむぜいたくな悩みで押しひしがれそうな気持ちだったのではないか。

明治時代、武吉郎と岡山県下の高額納税者1、2位を競い合った大原孫三郎は、父・孝四郎から引き継いだ遺産の大きさの〝不運〟を日記に残している。武吉郎も気持ちは同じだったに違いないが、記録は何も残っていない。遺訓を忠実に守り、塩田経営に全精力を注ぎ、一方では公益のために金銭を惜しみなく使い、家業を一層発展させた。

●――武左衛門を上回る武吉郎の功績

巷間では武左衛門を「日本一の塩田王」という。足袋の製造販売から塩田経営に転進、一代で巨富を築き上げたそのサクセスストーリーは、現代風にいうならば、まさにベンチャービジネスとしての成功秘話である。だが企業経営においては、創業よりも継承者がそれを生成発展させることの方が、はるかに至難であることは知る人ぞ知る。私見だが、武吉郎77年の生涯をたどる時、武左衛門よりも武吉郎こそ、「日本一の塩田王」と呼ぶにふさわしい業績を残している、と思う。

武吉郎は幕末、財政困窮の岡山藩からの度重なる借金要求を断ることなく応じ、新政府発足後も岡山県庁に出仕するなどで激動期を無難に乗り切った。若年ではあり、遺訓を守り、ブレーンの進言に素直に耳を傾けたものと思われる。郷土史家の故門田直一は、武吉郎を「才知にすぐれ温和、周辺の協力で家業を発展させた」と評価している。

武左衛門は藩庁要人との緊密な交友関係のなかで、塩田開発許可を次々ととりつけ、備前各地に塩田を造成した。その動きは政商的でもある。一方、武吉郎は「十州塩田同盟」という瀬戸内沿岸塩産地の同業者の取りまとめに終始苦労、業界リーダーとして成長していく。この点に備前一国に君臨した武左衛門よりスケールの大きさを感じる。

本来、塩つくりは過剰生産と減産の繰り返し。晴天が多く、潮の干満の差が大きい瀬戸内は、江戸時代から生産過剰とそれに伴う価格暴落に頭を痛め、18世紀半ばには、すでに生産調整組織があった。だが維新前後には有名無実になっていた。

武吉郎は明治10(1877)年ごろ、この組織の再編強化に奔走、一時は成功するが、内部対立が激化、まもなく瓦解。屈せず、政府に働きかけ十州塩田同業会を設立、岡山県支会を野﨑家におき、同20(1887)年、十州塩田組合本部長に就任、業界の取りまとめに苦心する。

同33(1900)年には、政府に働きかけ、台湾の塩田開発にも着手、20年の間に同地に278ヘクタールの塩田をつくる一方、岡山県内に耕作地を着実に増やし続ける。また塩専売法の公布(明治38年)に尽力、大日本塩業協会、大日本塩業同志会の創立、運営に参画するなど業界の重鎮でもあった。同23(1890)年からは貴族院多額納税者議員(1890〜1906)を務め、児島湾干拓の紛争調整などにも手腕を発揮した。

●―公益に惜しみなく寄付

武吉郎晩年の大正14(1925)年、その所有する塩田は約200ヘクタール、耕地、宅地は約600ヘクタールにもおよび、塩田地主としては全国1位、耕作地主では近畿以西3位、岡山県では藤田組に次いで2位、「東の本間、西の野﨑」と称されるまでの大地主になった。

また武吉郎は生涯を通じて、積極的に公益性あるものに寄付し続けた。多数の寄付の中で白眉とされるものは、還暦記念として児島郡教育会に寄付した5万円。現在では5億円を超す金額といわれる。この金は児島郡立商船学校、のちの児島商船学校開校に使われた。これより前の大正6（1917）年、地元の味野小学校新築費として2万円をポンと寄付している。

教育関係への寄付には特に熱心で、明治初めごろから小学校などへさまざまな寄付を始め、明治30（1897）年からスタートした育英奨学金は、次の社長野﨑丹斐太郎《にいたろう》の昭和12（1937）年まで続き、計131人に貸与したとの記録が残る。その他、大小の寄付は数え切れない。

●──武吉郎も家訓を残す

遺訓を忠実に守り、地域への寄付を惜しまなかった武吉郎だが、彼もまた明治20（1887）年39歳のとき、詳細な「野﨑家家則決議書」を制定した。「野﨑家ヲ永遠ニ維持シ、祖業ヲ堕ササラン為」に親族、旧社員らを集めて決めたという。

なぜこの時期に制定しなければならなかったのか？　「備前児島野﨑家の研究」は、武吉郎は将来家督を譲るべき養嗣子を迎えるに先立って、資産管理体制を整備、養嗣子の恣意を規制しようとした、と推測している。

驚くことに、武吉郎は9年後の明治29（1896）年、法律家まで加えて90条にも及ぶ「野﨑家宗家家法」を再び制定している。その中に「19歳未満でなければ家督を相続できない」「戸主は19歳になると隠居すべし」など不可解な条項が盛り込まれている。

同書は「養嗣子を迎えたものの、後継者として不適当と認め、わずか5歳の丹斐太郎を名目上の戸主にし、自らは後見人として家督の権限を実質的に把握した」と断言している。家業発展のためには身内の情実にほだされず、という武吉郎の家族愛、家業愛か?

野﨑家の家督は大正14(1925)年、武吉郎死去後、「宗家家法」通り孫の丹斐太郎(1892〜1976)が継承。以後丹斐太郎は半世紀にわたって経営にあたり、昭和9(1934)年には野﨑家の個人経営から株式会社野﨑事務所に法人化、戦後は内海塩業に社名変更する一方、塩つくりの近代化にリーダーシップを発揮した。

現社長の泰彦は丹斐太郎の孫。戦後、春藤武平(枝条架流下式塩田開発者として有名)親子ら野﨑家以外の社長が続いたが、平成3(1991)年再び野﨑家に〝大政奉還〟された。泰彦は東京大工学部から同大大学院で化学工学を専攻、民間のシンクタンクで研究者の道を歩んでいた。

塩田は4次にわたる塩業整備のなかで完全に姿を消し、現在は玉野市胸上で年間17万トンの塩をイオン交換樹脂膜法で生産、年間売上高約70億円。また関連企業9社は化成品から運輸、建材などにもかかわり、年間約200億円を売り上げる。塩専売制度も平成9(1997)年廃止され、生活用塩以外は生産、輸入、販売が自由化されるなど塩業界は様変わりした。

最後に余談ながら、武左衛門が野﨑浜塩田を全面完成させた文政12(1829)年は、天満屋初代伊原木茂平衛が備前国西大寺村に小間物店を開業した年、両社とも今年が創業176年である。


(05年9月号)

*参考文献　「備前児島野﨑家の研究」(ナイカイ塩業社史編纂委員会編)、「野﨑武左衛門」(多和和彦著)、「岡山の自然と文化19」(岡山県郷土文化財団編)、「おかやま人物風土記」(岡山県広報協会編)、「せとうち産業風土記」(山陽新聞社編)、「岡山県大百科事典」(同)、「岡山県歴史人物事典」(同)

岡山県商法会議所初代会頭　杉山岩三郎

鬼県令高崎五六との〝蜜月〟

●―〝備前西郷〟のニックネーム

岡山県商法会議所（岡山商工会議所の前身）初代会頭杉山岩三郎（1836～1913）は〝備前西郷〟と称された。その由来については諸説ある。

第一はその風貌からくる説。写真を見ると、ギョロリとした目つきと鋭い眼光、分厚い唇など、一般に知られた西郷隆盛のイメージに似ていると言えないこともない。

第二は「胆力人ニ超レ、豪宕小事ニ拘泥セズ、頗ル豪傑ノ風アリ」（『岡山県人物評』）の性格が西郷そっくりという説。また杉山自身も明治3（1870）年4月、東京から船で鹿児島に行き約4カ月滞在、西郷や桐野利秋らとの交友を深めている。

第三は、薩摩出身の岡山県令高崎五六《いつむ》との蜜月関係をうらやんで、誰言うとなく〝備前西郷〟と名づけたという説。高崎は明治8（1875）年10月、岡山県令に着任すると同時に、県下で盛り上がっていた地租改正反対運動を、強圧的な手段で収拾、〝鬼県令〟と恐れられた。

地租問題解決後は、岡山県近代化の諸施策を次々に打ち出し、これを経済界から、陰に陽にバックアップしたのが杉山である。明治初期の岡山の殖産興業は、高崎と杉山なしには語れないほどその関係は深かった。

●――県令高崎の絶大な信頼

杉山と県令高崎の緊密ぶりを物語る逸話が今も伝わる。高崎着任ほぼ1年半後、明治10（1877）年2月21日勃発の西南の役対策である。

高崎は対応に苦慮した。西南戦争は、新政府で権勢を振るう内務卿大久保利通に対する西郷の反乱でもあるからだ。高崎は維新後浪人の身だったが、大久保に見込まれ、39歳ながら岡山県令に抜擢された。一方、西郷とは前述のように肝胆相照らす仲。まさに恩義と友情の板ばさみである。

高崎は、県参事（副知事格）の西毅一ら幹部と鳩首会談を開いた。西は、反乱軍参謀格の桐野利秋と親しかった。この席に杉山も加わっている。杉山は明治初めには岡山県典事（課長格）を務めたが、同5（1872）年退任、一民間人に過ぎなかった。高崎の杉山への信頼ぶりがうかがえる。

高崎らは当初「忠義の志あつい西郷がそむくはずがない。何かの間違いでは……」と反乱情報に疑心暗鬼だったという。事実が判明してからは「西郷が岡山を通過するとき説得する。それがだめなら実力阻止」と苦渋の決断をした。だが西郷は熊本城を落とせず、最後は鹿児島・城山で自刃し、対策は杞憂に終わった。

高崎、杉山会談には異なった伝承もある。高崎自身が深夜ひそかに杉山邸を訪れ、善後策を相談、翌日さらに詳しい情報を手紙で伝え、近日の面会を頼んでいる（「士裁　杉山岩三郎」）。

●―旧士族が没落する中で

明治維新で家禄を失った武士は岡山、津山、足守など岡山県下13藩で約9000人余といわれる(「岡山商工会議所百年史」)。明治6(1873)年家禄奉還令、同9(1876)年金録公債証書発行条例で武士の家禄は廃止され、退職金代わりに受け取ったのが、家禄に応じた「金録公債」だった。

岡山県士族の受け取り総額は約300万円に及んだ。利子はわずかだったため、失業した多くの士族は、数年のうちに証書を手放し現金化、同11(1878)年までに総額の4分の1弱、70万5000円にも達した。結果的に士族はさらに苦しい生活を強いられ、困窮士族救済は行政にとっての緊急課題だった。

高崎は地租問題を解決すると、ただちに士族授産事業に取り組んだ。事業には政府資金の貸与もあり、士族が数十人単位で結社をつくり、製糸、陶器製造、開墾、干拓などの事業を手がけたが、「武士の商法」でほとんどが失敗した。旧岡山藩家老伊木三猿斎らの「伊木社」のほか、「微力社」「篤好社」など授産事業を目指す結社が相次いで設立されたのもこのころである。

杉山は高崎の呼びかけに銀行と紡績会社を設立し、いずれも軌道に乗せた。「武士の商法」の数少ない成功例で注目を集め、旧士族のリーダー的存在になる。

●―第二十二国立銀行を設立

杉山が真っ先に取り組んだのが銀行。明治9(1876)年発布の国立銀行条例に対応、同じ旧岡山藩士族の花房端連（のち初代岡山市長）、新庄厚信（2代岡山市長）らと岡山最初の銀行「第二十二国立銀行」を同10（1877）年11月15日、岡山区船着町（現岡山市京橋町）に開業した。設立認可が22番目だったため、この名前がついた。

出資金5万円、旧藩主池田家が大半の3万1000円を出資、ほかに杉山ら9人が出資した。頭取は花房が就任。杉山は設立発起人だったが、この時は取締役にはならず、株主にとどまっている（のち取締役に）。高崎の意を受けて、花房とともに旧藩主に出資の説得にあたった。

高崎は殖産興業の中核として、銀行という「洪益ノ美挙」に「熟慮、勇決」して参加することを奨励していただけに、第二十二国立銀行発足を大喜び。開業式には黒塗り馬車でかけつけ、「銀行は物産を興し、商業を盛んならしむる基礎」と祝辞を述べている。

同行は為替業務を除き、今日の銀行とほぼ同じ業務を手がけた。社員は旧士族の子弟で、羽織はかま姿でいばって座り、預金者が頭を下げておそるおそる窓口に金を差し出すという〝武士の商法〟スタイル。評判は悪かったが、よくもうかった。

預金利率は年7〜8%、貸出金利は同12〜14%、この大きい利ざやのため、開業当初から年1割2分以上の配当を続けた。同行は翌11年に12万円を目標に増資を呼びかけたところ、旧士族、豪農、大地主ら多数の応募があり、新資本金を32万円にするほどの人気だった。

第二十二国立銀行の成功は「銀行はもうかるもの」の印象を富裕層に与え、県下には銀行設立ラッシュがおこる。だが、日清戦争後の反動不況や金融恐慌で大打撃を受け、多くの銀行が吸収合併、廃業を余儀なくされた。二十二国立銀行（明治30年普通銀行改組に伴い改称）も例外ではなかった。

杉山はこのころ取締役をしていたが、借入金の急増や取り付け騒ぎなどがおこり、経営の継続を断念。明治34（1901）年7月、安田銀行（現みずほ銀行）創立者で、親交のあった安田善次郎に株式取得と首脳陣派遣を要請、安田系列の銀行として再出発させた。杉山は第二十二国立銀行の助産婦役を務め、また最期を看取ったのである。

●―岡山県商法会議所会頭に就任

県令高崎が力を入れたものに商法会議所の設立がある。明治政府は国内秩序が確立するにつれて、幕末に結んだ不平等条約改定の必要を痛感するようになった。条約改定促進のためにも商工業者の意見を集約する機関が必要となり、高崎は岡山着任と同時に商法会議所設立にも熱心に動く。

当時の岡山県下の卸、小売業者数は約3万5000。だが業者間の横の連絡組織はなく、意見の集約など望むべくもなかった。大久保によって県令に抜擢された高崎は、期待にこたえるためにも、「岡山にもできるだけ早い時期に商法会議所をつくる」ことに熱心だった。

この高崎の願いに再び杉山が呼応した。銀行設立仲間である花房、新庄らと語らい、明治12（1879）年春ごろから組織作りに動き出す。同12年1月4日創刊の山陽新報（山陽新聞の前身）は、主筆小松原英太郎が社説で会議所の必要性のキャンペーンを展開、東京、大阪などで設立されたことも知らされ、機運は徐々に高まった。

杉山岩三郎（岡山商工会議所提供）

杉山は設立発起人の中心になって動き、同12（1879）年12月14日、岡山区船着町、第二十二国立銀行内に事務所をおく岡山県商法会議所を発足させ、自らは初代会頭に就任した。全国10番目、中四国では初、杉山39歳の時である。会員は約160人、大半が県南の経済人で占められた。

高崎の肝いりで誕生しただけあって、当初は予算（年1000円）の半分を県が補助、初総会の議題も「条約改正の件」「従来貿易の実況について当地商業の隆盛如何」と設立事情を反映したものとなっている。

杉山は1期2年で退任するが、岡山積金扱所、岡山商法講習所の設立にも尽力した。のち商業会議所条例（明治23年）公布に伴い新発足した岡山商業会議所7代会頭（明治38〜40年）に返り咲いた。

●—岡山紡績所など数多くの会社に関与

杉山は岡山紡績所の設立にも中心的役割を果たした。明治11（1878）年、杉山、花房、新庄ら第二十二国立銀行関係者が資本金4万円（うち旧藩主池田家が2万円出資）で設立、岡山区花畑の新工場にミュール精紡機2000錘を据え、同14（1881）年7月岡山県下で初の操業を開始した。社員は男40人、女100人。

当初は運転資金にも事欠くありさまだった。旧士族結社「有終社」（旧微力社）の出資を得て「岡山紡績会社」として新発足、さらに新鋭のリング精紡機5000錘を導入、人員削減にも努め、次第に経営は安定してきた。社長は旧岡山藩士族香川真一（岡山商業会議所4、5、6代会頭）が就任、杉山は役員の一人として活躍した。

明治24（1891）年3月18日の山陽鉄道神戸—岡山間の開業（同年9月11日福山まで開通）は、岡山県下の鉄道敷設熱を燃え上がらせた。特に岡山と県北を結ぶ鉄道への期待は高まった。杉山は友人の香川や津山の立石岐、井原出身の三井物産役員馬越恭平らに呼びかけ、中国鉄道株式会社を同27（1894）年5月設立、翌年社長兼専務に就任、同31（1898）年12月21日、岡山─津山口間（58・6㎞）を開通させた。

これによって県北と岡山が直結、さらに山陽鉄道によって阪神と結ばれた。その県下の産業界に及ぼした功績は計り知れない。杉山はほかにも岡山電灯、安田銀行系列の日本製銅硫酸肥料などの経営にも携わり、岡山経済界のリーダーであり続け、大正2（1913）年77歳で死去した。

岡山市後楽園の西入り口にある「古陶館」（現在は休憩所として使用）は、岡山市田町にあった杉山家の表門を昭和29（1954）年移築したものである。

●─高崎の密命で新聞弾圧に手を貸す

高崎は〝鬼県令〟と恐れられたように、政敵には容赦なかった。県会で「県が必要と認めたものに、議員がくちばしを入れるのはけしからん」という態度をしばしば見せている。「流れるおかやま百年」によると、明治12（1879）年3月の第1回県会で「郡長の俸給が高すぎる」と問題視した県会に対し、「俸給に口出しするとはなにごと」と一喝。また県令の馬車を引く馬2頭の飼育費も警察用の馬として強引に押し通している。

高崎の高圧的な態度は新聞にも及んだ。高崎は当初、明治12（1879）年創刊された山陽新報に好意的で、相応の尽力をした。岡山近代史に詳しい太田健一山陽学園大教授は「地方長官として山陽新報を県の機関紙的なものとして利用、合わせて文明開化の地方普及に活用しようとしたふしがある」（「岡山県の百年」）

後楽園西入り口に移築、復元された杉山家の旧表門

と分析する。

だが山陽新報は「新聞は社会の公器」の立場から、当時の国会開設運動推進の中心となり、民衆の視点で報道を続けた。これが気に入らない高崎は、猛烈な弾圧を始める。

明治14（1881）年12月23日同紙に対し突然発行停止を命令。どの記事が「新聞紙条例に違反する」との具体的な例示はなかった。「このころの一連の論説が気に入らなかったのか」と「山陽新聞百二十年史」は推測している。山陽新報は題字を「山陽日報」と代えて発行を継続、この時は4日で解除になった。

高崎は同15（1882）年7月14日ふたたび発行停止を命令。この時も具体的理由は明らかにせず、期間は51日にも及んだ。この間に山陽新報社主西尾吉太郎に再三脅迫的な言辞で買収をもちかけた。太田教授は「高崎の背後で買収資金を用意していたのが杉山」（「岡山県の百年」）と指摘している。西尾が応じなかったことはいうまでもない。

明治16（1883）年2月4日夕刻、今度は山陽新報主筆が自宅前で数人の暴漢に日本刀で襲われ、全治3週間の傷を負う事件が発生した。同日夜、詳細を報道しようとした山陽新報を印刷中に発行停止（2週間）にするなどしつような弾圧が続いた。同紙はこの年11月には4回目の発行停止を受けた。

高崎はさらに手を変え、杉山をバックに同16年3月8日「吉備日日新聞」を発行させ、山陽新報を追い詰めてゆく。

「山陽新聞百二十年史」によると、県庁からは「山陽新報購読を中止せよ、代わりに吉備日日を読め」の通達が出され、山陽新報は80部まで落ち込んだという。「岡山県治撮要」によると、当時の同紙発行部数は3000部弱だから大打撃である。創刊以来受注していた県庁関係の印刷物もすべてストップした。

だが同紙はしつような弾圧を耐え抜き、また高崎は同18（1885）年参事院議官に転任した（のち東京府知事、貴族院議員）。後援者を失った吉備日日は明治20（1887）年5月廃刊に追い込まれた。

余談ながら、幕末の文久2（1862）年4月、薩摩藩士らが京都・伏見の薩摩藩船宿寺田屋に集合、所司代襲撃などを画策している現場を、藩主の父島津久光の命を受けた薩摩藩士が襲撃した「寺田屋事件」は、高崎が藩に密告したことがきっかけである。

（05年11月号）

*参考文献　「岡山商工会議所百年史」（岡山商工会議所百年史編纂特別委員会編）、「士裁　杉山岩三郎」（杉山翁遺徳顕彰会）、「岡山県の百年」（柴田一、太田健一著）、「山陽新聞百二十年史」（山陽新聞百二十年史編集委員会編）、「流れるおかやま百年」（山陽新聞社編）、「岡山県大百科事典」（同）、「岡山県歴史人物事典」（同）

児島繊維業界の先駆者　下村紡績所創業者　渾大防埃二、益三郎

波乱万丈の兄弟2人の生涯

●――郷土史家角田直一の情念

「児島機業と児島商人」という名著（非売品）がある。倉敷市児島の郷土史家故角田《かどた》直一（1914～1992）が昭和50（1975）年、設立20周年を迎えた児島青年会議所（理事長松本繁光＝当時）に依頼され、同青年会議所記念事業のひとつとして執筆したものである。

　青年会議所の周年イベントといえば、お祭り行事的なものか、地域への寄付などが多い中で、児島繊維産業の歴史と先覚者の苦労をこうした形で残した当時の関係者の努力にまず敬意を表したい。「児島機業と児島商人」は確かに著者角田の情念がこもった力作である。

　角田は本業のかたわら長年郷土史研究に携わり、「倉敷浅尾騒動記」「北前船と下津井港」「下村紡績所」など多数の著作がある。常に綿密な取材をもとに、ジャーナリスティックな筆致で書き上げており、この書も同様である。今読み返しても、行間にほとばしる愛郷心と、真実を究明する熱意に頭がさがる。

　角田は同書で児島繊維業界の先駆者・渾大防埃二《こんだいぼうあいじ》（1840～1913）、益三郎（1842～1914）

故角田直一の著作には愛郷心があふれる

兄弟を真っ先に取り上げ、「〝日本渾大防〟の異名を持ち、天下の耳目を児島に注がしめた兄弟」の運命を次のような言葉で表現、哀切と同情の念を惜しまない。

「大原家を繁栄の実業家とするならば、渾大防家は没落の実業家である。塩業では野﨑家に続き、紡績業では大原家に先行した児島の名家が明治の終わりを待たずに、水泡のように消えていったのは哀れである」

渾大防兄弟の生涯は波乱に富む。兄弟の父は高田雲岫《うんゆう》。幕末、児島郡下村（現倉敷市児島下の町）で製塩業、石炭問屋を営み、同地屈指の資産家だった。兄埃二は天保11（1840）年、弟益三郎は2年後の同13（1842）年の生まれ。兄は豪放磊落《らいらく》な性格だが奇行も多く、さまざまな事業を手がけた末、大正2（1913）年2月、不遇のうちに岡山市で73年の生涯を終えた。

弟は堅実な性格、実業家として倉敷市児島に下村紡績所、鴻村銀行など多くの企業を育成したほか、政治、教育、福祉などの面でも地元の発展に貢献した名士。しかし最終的には明治36年（1903）年破産に追い込まれ、一族間の争いもあり、資産すべてを売却、大正3（1914）年2月、兄の後を追うように、岡山市で死去した。72歳だった。兄弟2人の人生行路には不思議と共通点が多い。その最大のものは、「あまりにも手を広げすぎ、ひとつのことに執心精励しなかったこと」と角田は分析する。

●―倉紡記念館に残る「伝習生承諾書」

倉敷アイビースクエア（倉敷市本町）は大原美術館と並ぶ倉敷市の観光スポット。その一角にある倉紡記念館は、クラボウが創立80周年を記念して昭和44（1969）年3月、創業期の原綿倉庫をリニューアル、資料館として一般開放したものだ。

第1室から4室までクラボウの歩みがパネル、写真、模型などで展示され、特に第1室は設立時の定款、第1号株券、株式台帳などを収めたガラスケースや、「社章」「社訓」のいわれを説明する大きなパネル、当時の混綿機械の一部などが整然と並び興味深い。

その中に、墨痕鮮やかながら古色蒼然とした手紙（明治21年7月1日付）が展示されている。児島の下村紡績所が同年3月設立した倉敷紡績所の大原孝四郎宛に「伝習生（研修生）の教育を承諾した」といった趣旨の返書である。

この手紙こそが角田のいう「紡績業では大原家に先行した名家」渾大防家の盛時を物語るものである。大原孝四郎は倉敷紡績所操業開始を控え、じきじき先輩格の下村紡績所に足を運んで、「紡績技術を教えて欲しい」と伝習生の引き受けを頼んだ。

手紙の発信者は高田年太郎。渾大防の一族で、邸宅が渾大防家の西にあったことから地元では西高田と呼ばれ、益三郎とともに下村紡績所の設立にかかわり、操業後は経理担当役員を務めた。

●―好条件の紡績機払い下げ

下村紡績所は明治14（1881）年、渾大防兄弟らが設立、岡山紡績所、玉島紡績所とともに岡山紡績業界の先駆企業である。倉敷紡績所設立より7年早い。兄の埃二は最初、御津郡牧石村玉柏（現岡山市玉柏）に工場用地を物色したが、弟益三郎や親族の高田らの反対で下村に決め、同15（1882）年10月に操業を開始した。埃二40歳、益三郎38歳、兄弟の人生がもっとも輝いていた時期である。

下村紡績所は当初ミュール紡機で操業したが、このころは性能の優れたリング精紡機も導入しており、最初からリング精紡機でスタートする倉敷紡績所にとっては、またとない先輩企業であった。男11人、女9人が伝習生として派遣されて技術を習得、創業時の倉敷紡績所の中核として活躍した。

明治政府は維新後、「西欧に追いつき、追い越せ」と盛んに殖産興業を奨励した。その一環として明治12（1879）年イギリスにミュール紡機2000錘10基を発注、翌年払い下げを始めた。

児島郡下村で製塩業を営んでいた兄の埃二はすぐさま出願、2000錘紡績機1基の払い下げを受けた。価格は2万2416円、10年分割払い、無利子という破格の好条件だった。

埃二は幕末、豊富な資金を活用してひそかに長州に武器購入の援助をしたといわれる。その縁もあって維新後は、伊藤博文、松方正義、岩崎弥太郎らと太い人脈を持ち、いち早くつかんだ払い下げ情報に飛びついた。

兄弟のどちらが社長に就任したかについては、説が分かれる。明治20（1887）年発行の株券には、責任者としての渾大防益三郎の名前が高田年太郎らとともに記載されている。埃二が政府交渉など対外的な面を担当、益三郎が社長として経営実務に携わったというのが一般的な見方だ。

●—すべての事業に失敗した兄埃二

渾大防という奇妙な姓は、明治の初め、埃二が高田姓を改めたものである。埃二が自宅を新築した下村の場所にかつて渾大坊という寺があったので、姓をこれに変えたという。郷土史家多和和彦（1905〜1998）はこの事実をもとに自著「児島産業史の研究」で「渾大防」でなく、「渾大坊」が正しいと述べているが、ここでは巷間に流布されている「渾大防」で統一した。

愛次郎という名前もこの時、埃二に変えた。父が病弱であったため、15歳で家業の製塩業などを引き継ぎ、渾大防埃二という奇抜な姓名でずいぶん人を煙にまいたらしい。

埃二は奇矯ともいえる性格上、組織のリーダーとしては不向きであったばかりでなく、家族、親戚を含む周辺との折り合いもうまくいかなかったようだ。下村紡績所操業後、家督を弟益三郎に譲り、岡山市に出ていろいろな殖産事業に手を出すが、すべて失敗した。

児島郡誌によれば、農商務省から3万円を借り出し、岡山県勝田郡の日本原開墾を手がけ、また千葉県の牧場からアラビア産の馬を購入、吉野郡古町（現美作市大原町）の牧場で岡山県下では初の外国産種馬の飼育を試みたりしている。

花莚が輸出品として商売になるとにらんで、これにも乗り出した。錦莞莚の発明者磯崎眠亀から代金を不当に値切ろうとした神戸のアメリカ人貿易商デラカンプと組んで産地めぐりもしている。

だが、埃二の事業は何一つ成功せず、「失敗を重ねるに失敗をもってし、天、我を試みるか」と強気なところを見せたこともあった。大正2（1913）年、岡山市で波乱の生涯を終えた。本稿執筆に当たって、埃二の顔写真を探したが、1枚も見つからず、さびしい晩年を象徴するかのようだった。

埃二のあだ名は「日本渾大防」。大阪の和傘問屋に大量の傘を注文、「日本渾大防」の名前を入れさせたが、わずかの手付金を支払っただけで、品物を引き取らなかった。困った問屋が廉価で全国に売りさばいたため、名前が一挙に広まったという。どこまで真実か疑わしいが、いかにも埃二らしい逸話である。

●─律儀な実業家の弟益三郎

奇行の多い兄に比べ、弟益三郎は堅実な実業家として地元の信望は厚かった。明治14（1881）年、埃二とともに下村紡績所を設立するまでに、すでに瀬戸内沿岸製塩業者の団体である十州塩田同盟の幹部として中国（当時は清）の塩事情を視察、同国への塩輸出の方策をつけるなど児島塩業界のために活躍している。

渾大防益三郎（山陽新聞社提供）

また下村紡績所経営のかたわら、同21（1888）年、児島養貝会社を設立、種貝苗の販路を広め、後には水産試験場設立に尽力、養殖漁業の先駆者的役割も果たした。

同26（1893）年、児島郡日比村中の浦（現玉野市日比）に個人企業として銅の精錬を始めたのも、益三郎である。後年経営者が杉山岩三郎、鈴木商店、昭和鉱業を経て、昭和18（1943）年三井鉱山日比製煉所に、さらに三井金属鉱業日比製錬所となるなど数奇な運命をたどる。

また明治12（1879）年2月の第1回県会議員選挙では、

児島郡選出議員3人の1人に選ばれたが、翌13年9月半数改選の時退任、下村紡績所設立に全力を注ぐ。同22（1889）年には鴻村村長になり、村内堤防改修などに多額の寄付をし、小学校の新築、村道の改良などにも尽力している。

益三郎は下村に実業補修学校を設立、児島の繊維産業に深く結びついた染色、機織りなどの実技習得に力を入れ、児島繊維業界の次代をになう多くの人材育成に貢献した。石井栄治（初代）、尾崎節造、難波信太郎、上秋夫、背板富士太郎、小郷恵四郎、角南周吉、尾崎虎雄らである。

まさに八面六臂の活躍とはこの頃の益三郎である。実業家として塩業に始まり、水産、紡績、鉱業などの分野にかかわり、行政面では県会議員、村長などを歴任、教育、福祉の分野にまで手を広げた。

角田は「渾大防は児島屈指の名門、郡内の新規事業の長には渾大防の名前を必要とした。益三郎は断ることなく応じ、この姿勢が、最後に命取りとなった」と指摘する。

●―鴻村銀行の破産で無一文に

勢いに乗った益三郎は明治29（1896）年3月、下村に鴻村銀行を設立し、自ら頭取に就任した。資本金30万円。この年岡山県下に設立された銀行数は19行を数えるが、ほとんどは資本金2～5万円、30万円は同行を含め2行のみ。設立ラッシュの中で鴻村銀行の突出ぶりが分かる。

経営は当初は順調だったが、次第に貸し出しばかりが増え始め、同34（1901）年末時点で預金11万6000円に対し、貸付金29万5000円、預貸率250％という異常ぶりを示す。加えて同36（1903）年5月、村内の大口貸出先、足袋製造「松香合名会社」が放漫経営に加えて、工場火災で倒産したため、同行には取り付け騒ぎがおこり臨時休業、翌年3月には自主解散に追い込まれた。

益三郎は松香合名の専務と友人同士。銀行監査役に同専務が就任するほど緊密な関係にあり、鴻村銀行は自社の資本金を大幅に上回る金額を貸していたことが致命傷となった。

益三郎は家、屋敷をすべて売り払い、借金の弁済に充てた。心血を注いで経営にあたってきた下村紡績所も、同年9月任意解散し、全くの無一文になった。益三郎はこの時63歳、生まれ育った児島のために「私を損《す》て公に奉じた」（瑜伽山蓮台寺境内渾大防翁旌徳之碑文の一部）が、大正3（1914）年兄同様失意のうちに岡山で死去した。

●──保存運動も効果なく……

下村紡績所はその後所有者が転々と変わり、社名も変わったが、戦後は琴浦紡績所として操業を続けていた。しかし、不況には勝てず昭和61（1986）年1月ついに操業中止、百余年の歴史に幕を閉じた。同63（1988）年ごろ、地元市民の間に「貴重な明治初期の産業遺産下村紡績所を残そう」という機運が高まり、児島商工会議所、児島青年会議所が1万5000人もの署名を集め、市に保存を要請した。

明治15、16年ごろ、殖産興業が奨励された中で操業開始した紡績工場10カ所のうち、当時の建物が残っていたのは同工場だけ。敷地面積約6500平方メートルに赤れんが造りの工場建物、高さ約20メートルの煙突は産業遺産としての価値は大きかった。

産業遺産の調査、研究を目的にしている産業考古学会（東京、会員600人）も平成元（1989）年3月、「明治の貴重な遺産なので保存か再利用の早急な具体案を」と倉敷市に要望書を提出した。同市は市議会議会運営委員会に諮ったが、議事に採択されなかったため、所有者も平成2（1990）年4月取り壊した。

●—下村紡績所跡に立つ

冬の一日、倉敷市児島下の町、下村紡績所跡地を訪れた。目的地を探しあてるまでに尋ねた数人は社名さえ知らず、やっと見つけた広大な工場跡地は駐車場に変貌していた。往時の面影をしのばす物は何もなく、敷地北よりの側溝に当時のれんが壁が残ることを、近所の人に教えられた。せめて渾大防兄弟の活躍と下村紡績所の由来を説明する看板だけでもできないものか。

スペインが誇る世界遺産のアルハンブラ宮殿。アービングの著作を機に保存運動が高まった＝グラナダ

冬の残照に鈍く照らされる敷地を凝視していると、突然、かつて訪れた夕日に輝くスペイン・グラナダのアルハンブラ宮殿を思い出した。同宮殿は年間200万人を超える観光客（1日8000人の制限）が訪れるスペイン屈指の観光名所。キリスト教徒の国土回復運動の中で15世紀末、同教徒に攻略されたイスラム王最後の居城としての悲哀を今に伝えるが、19世紀初めには見る影もないほど荒れていた。

1829年6月、同国駐在アメリカ外交官、作家のワシントン・アービング（1783～1859）は、休暇中に同宮殿を訪れて一室に2カ月余り滞在、有名な「アルハンブラ物語」を書き上げ、同宮殿の価値を広く一般に訴えた。アービングはすでに「スケッチ・ブック」などで文名が高かったため、修復機運が高まり、今日ではスペインの誇る世界遺産として世界に知られるようになった。

単純比較するには格差が大き過ぎるかも知れないが、郷土史家角田は児島鷲羽ライオンズクラブ（大平健二会長＝当時）の協力を得て、昭和44（1969）年刊行の「下村紡績所」を加筆、平成元（1989）年再版（21ページ左端の本）を出して下村紡績所の重要性を訴えた。多くの市民や関連学会も立ち上がったが、行政は積極的に動かなかった。

広大な下村紡績所跡地に立ち、同紡績所の有為転変を思うと、嘆息を禁じえず、保存を強く訴えながら願いかなわなかった角田や多くの市民の無念さにも思いをはせた。潮風が一段と身にしみる寒い冬の夕暮れだった。

（06年2月号）

＊参考文献　「児島機業と児島商人」（角田直一著）、「下村紡績所」（同）、「児島産業史の研究」（多和和彦著）、「中国銀行五十年史」（中国銀行五十年史編纂委員会編）、「倉敷紡績百年史」（倉敷紡績編）、「岡山県児島郡誌」（私立児島郡教育会編）、「せとうち産業風土記」（山陽新聞社編）、「岡山県大百科事典」（同）、「岡山県歴史人物事典」（同）

大日本麦酒初代社長　馬越恭平

ビール王として業界に30年君臨

●――豪放磊落《らいらく》の親分肌

岡山県井原市出身、ビール王の異名を持つ大日本麦酒㈱社長馬越恭平（１８４４〜１９３３）は痛快な企業人である。同社社長に就任したのは明治39（１９０６）年63歳の時。90歳で死去するまで業界に君臨、また生涯を通じて人一倍働き、人一倍人生をエンジョイした。

馬越は典型的な親分タイプ。小事にこだわらない半面、直情径行の瞬間湯沸かし器、部下を厳しく叱りつけるが、面倒見はよかった。社長になっても、社員の誰よりも早く真っ先に出勤、猛烈に働く。晩年になっても早朝出勤は続いたが、人前で居眠りをすることも多くなったという。

仕事柄もあるが、花柳界にひんぱんに出入りした。評論家杉森久英は「苦難と浮沈の前半生ののち、ビール業に生涯の拠り所を見出して、その経営の基礎を固め、日本のビール王と呼ばれるようになり、茶と酒と女とにたのしみをほしいままにして、幸福な一生をすごした」と「近代史上の岡山県人」（山陽放送編）でその生涯を総括している。

馬越は茶道に70年以上親しみ、茶器をはじめ骨董、書、絵画についてもプロ以上の鑑定眼を持つ。茶道の友人で三越初代社長の高橋箒庵（本名義雄）は、追悼集「馬越恭平翁伝」で、「雑多な合金のような男」の名言を残している。馬越の多面的な性格を的確に表しているので、少し長いが引用してみよう。

「馬越は熱情の人、喜怒哀楽を包み隠さず、言動闊達、少しも忌憚《きたん》するところがない。晩年には年功と修養により沈着、平静になったが、なおその特性のひらめきを示すことなきにあらず」

「性格は雑多の合金。金、銀、銅、鉄、鉛、錫などの各種が混合交錯して一体となれり。事に当たっては硬軟、剛柔が発現するが、意表をついて幾多の逸話を残す」

馬越恭平（山陽新聞社提供）

●──「町に出て大金持ちになるんじゃあ」

馬越恭平は天保15（1844）年10月、備中国後月郡木之子村（現井原市木之子町）の医者の家に生まれた。前年天保の改革を強行した老中水野忠邦が失脚、外国船は通商を求めて来航を繰り返し、世情は騒然とし始めていたころである。

父は貧しい人からは金を取らず、裕福ではなかったらしい。貧乏暮らしが身にしみていたのか、「きかん気の恭やん」（子供時代のあだ名）の夢は「町に出て大金持ちになるんじゃあ」

念願かなって13歳の時、大坂の叔父播磨屋仁平衛の紹介で豪商鴻池家に丁稚奉公、先輩に小突かれ、ののしられながら、歯を食いしばりよく働いた。文久元（1861）年18歳の時、鴻池での働きぶりが認められ、播磨屋の養子になった。

播磨屋は諸大名の金銭用達と公事宿が主な仕事。機敏に時流に乗り、商才を発揮するのは、馬越の天才的な資質だが、早くもその片鱗を見せる。

元治元（1864）年第1次長州征討時、諸藩は軍費の調達に追われたが、馬越は大名に金銭を貸し付け、大もうけをする。以後明治維新までの数年間に3万両を稼ぎ、大坂の同業者ではトップにのし上がった。

●——人生を変えた益田孝との出会い

播磨屋時代、馬越の人生に大きな影響を与えた益田孝に出会う。益田はこのころ大蔵省の若手だったが、すでに外遊経験があった。その体験談や欧米の新知識は馬越の野心を刺激、ついに上京を決意する。猛反対する養父母には養子縁組を解消、妻は大阪・岸和田の実家に一時帰し、長男（4歳）はふるさと木之子に預けた。明治6（1873）年7月、29歳の時である。馬越らしい果敢な決断だが、前途に確たる見通しがあるわけではなかった。

「子供の寝息を背に聞きながら、笠岡から月明かりの夜道を歩き続けた。木之子が見える峠にさしかかった時は、子供との別れ、また将来を思いやると、涙が止まらなかった」と回顧している。

明治9（1876）年、設立早々の三井物産（社長益田孝）に就職、たちまち頭角を現していく。最初の仕事は同10（1877）年勃発の西南戦争。物産は政府の兵員、食糧輸送を担当し、50万円をもうけた。当時同社の資本金は10万円、いかに巨額の利益かがよく分かる。馬越の機敏な行動と商才に負うところが大きかったという。

力量が認められ、横浜支店支配人に就任すると、生糸荷扱所を設立。市場を支配していた外国資本を追い出し、以後恒常的に物産に大きな利益をもたらす。入社5年、38歳の時で、海上運送をめぐって、岩崎弥太郎の三菱汽船と猛烈な競争を続けたのもこのころである。

その後トントン拍子の出世、同25（1892）年、49歳の時役員に昇進、「物産の荒法師」「物産三羽烏」と呼ばれるまでになった。馬越の人生で最初の絶頂期である。

●—ビール会社経営と涙の物産退職

馬越は物産在職中の明治24（1891）年10月、懇請されて日本麦酒の経営を引き受ける。同社は明治20（1887）年創業。工場は東京府荏原郡目黒村（現目黒区恵比寿）にあったが、原料を仕入れる資金がなく、社員にも給料が払えない倒産寸前状態だった。再建というより、整理を委嘱されたというのが真相のようだ。

それだけに馬越は乗り気ではなかったが、大幅減資、人員整理、経費節減、悪質なドイツ人技師らの追放、一方では宣伝にアイディアをこらすなど次々に手を打ち、同社を再建軌道に乗せ「奇跡の回復」と業界関係者を驚かせた（平成6（1994）年、広大な同工場跡地約8万3000平方メートルは、恵比寿ガーデンプレイスに再開発された）。

馬越は「4者に絞って売り込め」という販売作戦を推進した。当時ビールは大衆にあまり普及していなかったので、4者つまり医者、学者、役者、芸者をターゲットに、会合があると無料試飲会で口コミによる浸透を図り、工場見学会もたびたび開いた。

料亭には戸別訪問で知名度の向上に努め、初荷では商品名「ヱビスビール」を染め抜いたはんてんを社員に着せ、町中をパレードした。

日本麦酒の業績回復を如実に示すのが配当動向だ。馬越が乗り込んだ年は当然無配。だが翌年には4・2％配当、以後毎年10～20％配当、同33（1900）年には30％配当をするほどの業績を上げている。

一方、馬越の身には思いがけない災難が降りかかる。これより前の明治29（1896）年53歳の時、20年間抜群の貢献をしてきた三井物産を追われるように去らねばならなかった。理由は「社内手続きを踏まずに、岡山の中国鉄道役員に就任していたこと」

しかし、手続きにかこつけて、馬越は体よく追い出されたようにも思える。物産もこのころは、外国語が理解でき、国際情勢、国際経済に詳しい役員も必要になっていた。直感で果敢に商売をする馬越の〝一匹狼〟

ビール工場跡を再開発した恵比寿ガーデンプレイスと一角にある馬越恭平像

的なやり方は、時代にそぐわなくなったのではないか？　長年の友人、物産社長の益田孝も、馬越を次第に敬遠するようになっていたという。

この時は、さすがの馬越もがっくりしたらしい。やけ酒を飲んで、花柳界を遊び歩き、家に帰らない自暴自棄の日々が続いた。

「落ちぶれて　袖に涙のかかるとき　人の心の奥ぞ　知らるる」と、豪快な性格に不釣合いな古歌を折に触れて披露、悔しい心境を吐露している。馬越にはこんな一面もあった。

●――大日本麦酒社長に就任

明治30年代にはビール戦争が激化してきた。一時より減少したとはいえ、まだ全国に12社が乱立。東京市場を目指して札幌麦酒、大阪麦酒（現アサヒビール）が相次いで進出、東京を本拠地とする麒麟麦酒との競合も激しくなり、日本麦酒は次第に追い込まれていた。

馬越が日本麦酒の経営を軌道に乗せた時は三井物産役員でもあった。物産を去った後も、帝国商業銀行会長を兼任しており、どちらかいうと、銀行経営に専念したくて、日本麦酒からは早めに手を引きたがっていたふしがある。

だが、ビール業界の過当競争は食うか、食われるかの待ったなしの状況に突入。ついに農商務大臣清浦圭吾が乗りだし、紆余曲折の末、日本、札幌、朝日（大阪麦酒）の3社が合併、明治39（１９０６）年3月、大日本麦酒（資本金５６０万円）が誕生した。馬越は関係者の強力な推薦で社長に就任、63歳だった。この時は「どんな困難があろうとも最後までやり遂げる」と強い決意を披露している。

以後90歳で亡くなるまで30年近く社長として陣頭指揮、国内ばかりでなく中国にも工場を新増設、醸造量を倍増させ、明治42（1909）年には10割配当をして世間を驚かせた。シェアも72％を達成（麒麟20％）、「日本のビール王」「アジアのビール王」と呼ばれるようになった。社運隆々、馬越の人生の絶頂期だった。この後も大正期の不況、関東大震災による工場被害も克服、高配当を持続した。

●—伝説的エピソードの数々

馬越は昭和8（1933）年4月20日、90歳で死去した。直前の株主総会こそ出席できなかったが、終生現役で活躍した。身体きわめて頑健、天衣無縫、豪放磊落の性格から無数のエピソードも残した愛すべき人物である。

物産の横浜時代は30歳代後半。このころから10年は「飲む、買うから、茶の湯、踊り、相撲のひいきなんでも、手を出し、粋人として馬越の名は相当その道では知られていた」と橋本龍太郎元首相は著書「馬越恭平」で述べている。

江戸時代、豪快な遊びで知られた豪商紀伊国屋文左衛門を「紀文大尽」というが、馬越は「馬大尽」と呼ばれたほど。家族が遺品を整理していたら、「千人斬りおめでとう」と友人が書いた色紙が出てきたという（山陽新聞社編「政治と人と」）。遊び仲間の冗談か、それとも馬越の発展家振りを裏づけるものか、真相は不明だが、いかにも馬越らしい逸話である。

日本麦酒社長時代、前外務卿井上馨を招待した築地の料亭で、井上の「誰か踊りを…」の要望に、馬越が一糸まとわぬ裸踊りを披露、井上を仰天させた。

一方、仕事熱心は終生変わらなかった。外国視察の時でも同様で、明治32（1899）年6月には横浜から朝鮮半島、中国東北部経由でウラジオストクまで渡った。手帳に簡単なロシア語会話を書き、単身でビール売り込みをした伝説を残す。

明治41（1908）年コペンハーゲンのビール会社視察では清涼飲料水製造を思い立つ。帰国翌年「シトロン」を売り出し、画期的な商品と好調に売れ行きを伸ばした。

東京に初めてビヤホールを開店したのも馬越だ。大阪には夏だけ開店の朝日麦酒経営のビヤホールがあったが、年中オープンは馬越が東京で初めて手がけた。

明治32（1899）年7月、新橋近くの銀座通りにレンガ造り建物の2階（約115平方メートル）を安田銀行（のち富士銀行、現みずほ銀行）から借りた。珍しさもあって大繁盛したが、本場ドイツを真似た3センチ幅、薄く切った大根のつまみは評判が悪く、まもなく佃煮に代わったという。

●—備中人脈と3度の選挙

馬越は備中出身の人材を重用した。筆頭格は橋本龍太郎元首相の祖父卯太郎（吉備郡秦村、現総社市出身）。橋本は閑谷黌で学んだ後、蔵前高等工業（東工大の前身）を卒業、日本麦酒に入社、ドイツに留学して醸造化学の研究に携わった。恵比寿工場長、常務を歴任、馬越の懐刀的存在だった。

日本麦酒九州支店長などを務めた仙石良平も吉備郡山田村（現総社市）出身。東大を卒業後、日銀から馬越のいた帝国商業銀行に移り、さらに日本麦酒に入社した。最後は監査役で退任した。

高杉晋《すすむ》も備中人。窪屋郡西三須村（現総社市）生まれ、明治法律学校（現明治大学）卒業、逓信省の役人

などをした後、日本麦酒入社。大日本麦酒設立と同時に営業部長兼商務課長。馬越のもとで取締役、常務を歴任、帝国ホテル会長などを務めた。

馬越はふるさとへの思い入れも強く、木之子の小学校や、河川改修などに惜しげもなく大金を寄付した。ふるさとには太い人脈を持っていたが、選挙には不思議に弱かった。

岡山を舞台に3度立候補、当選したのは1度だけ。最初の出馬は明治25（1892）年、三井物産役員として羽振りの良い時で、岡山県第3区で犬養毅の対抗馬として与党にかつがれたが大敗。

2度目は明治31（1898）年で、中国民報（山陽新聞の前身）記者出身の西村丹治郎を破った。馬越は財界出身の代議士ら48人と超党派組織「山下倶楽部」を結成したが、国会はわずか3日で解散。馬越の代議士生活も3日だった。この時「選挙はこりごりだ」とぼやく。

大正9（1920）年77歳の時に、政友会の原敬に薦められ3度目の立候補をした。この時も絶対優勢と見られていたが、国民党新人星島二郎に敗れた。大正13（1924）年に貴族院議員に選ばれて大いに喜び、議会にも熱心に出席した。

（05年7月号）

*参考文献　「馬越恭平翁伝」（馬越恭平翁伝記編纂会編）、「馬越恭平」（橋本龍太郎著）、「近代史上の岡山県人・財界」（山陽放送編）、「ビールと日本人」（麒麟麦酒社史編纂委員会編）、「政治と人と」（山陽新聞社編）、「岡山県歴史人物事典」（同）

織込花莚錦莞莚の発明者　磯崎眠亀

苦心惨憺の末につかんだ栄光

●—茶屋町の誇り磯崎眠亀記念館

ＪＲ瀬戸大橋線茶屋町駅から倉敷方面への県道を5分も走ると、右手に町屋風の大きな民家が目に入る。国の登録建造物、倉敷市立磯崎眠亀《みんき》記念館（倉敷市茶屋町）である。ここは華麗な織込花莚・錦莞莚《きんかんえん》の発明者で知られる磯崎眠亀（1834～1904）の住宅兼作業場（明治7年建築）だった。

敷地面積811平方メートル、2階建て延べ床面積257平方メートル。眠亀は2階作業場で苦心惨憺の末、錦莞莚を完成した。イ草の敷物とは思えぬ美しさに人々は驚嘆し、「ジャパン・イソザキ」の名前を世界に知らしめ、またこの地に「茶屋町今神戸」というにぎわいをもたらした。眠亀は茶屋町にとってかけがえのない恩人である。

解体復元された眠亀記念館は豪壮な明治の町屋造り

眠亀没後、この建物は都窪郡茶屋町（当時）に寄付され、一時、公民館などに使用された。「建物自体が当時の民家としては豪壮で、明治の町屋造りとして貴重」（清水智利磯崎眠亀顕彰会長）であり、解体復元の後、昭和63（1988）年4月から一般公開されている。

平成15（2003）年秋には、記念館前にあった同町商工会館が移転、跡地は駐車場に整備され、また中庭には敷石やつくばいも町内ボランティア有志の手で作られ、装いを一新した。見学者にとって嬉しいのは、建物の特長である凸型曲線形の「むくり屋根」がよく見えるようになったことだ。

●―発明家らしい数々の工夫

館（邸）内1階の展示品の中では復元された錦莞莚織機が目玉。この織機は産業考古学会が特許庁の倉庫から古い資料を探し出し、眠亀の孫、龍子郎ら関係者が多大の苦労の末、昭和53（1978）年復元したものだ。しかし今ではこの織機を操作できる人はおらず、技術の伝承が途絶えているのは寂しい。

ほかに発明に没頭した眠亀らしさをうかがわせるものは、2階へ上がる階段の代わりに、半間（約90センチ）幅、傾斜角15度の廊下がつけられていること。眠亀は秘密保持のために仕事場を2階においたが、「工作に使う道具、材料など重量物を引っ張りあげるための工夫」と清水顕彰会長。

土間の吹き抜け部分にも滑車が取り付けられ、ここからも必要資材が搬入、搬出できる。玄関の戸はひし形桟になっており、回転と横滑りによって開閉する仕組み。2階の窓もユニーク。雨戸が外に向けて突き出すよう工夫され、発明家らしいアイディアが随所にみられる。

1階の「控えの間」のガラス窓は、三日月と太陽をかたどっている。これは眠亀のしゃれ心か？　旧宅の古い写真を見ると、門には弓をかたどった支柱が渡してあるが、復元された記念館にはない。

●―身命を賭して錦莞莚に挑戦

眠亀が織込花莚錦莞莚を完成したのは明治11（1878）年5月。44歳の時である。3年前、隣の妹尾村（現岡山市妹尾）の殖物社を訪れた時、ウィーン万国博（1873年）に出品されたセイロン島産の美しい龍鬢莚《りゅうびん》に感動、「このような精巧な織物をイ草でつくりたい」と決意したという。だが色彩豊かな花莚を織り上げる織機はなく、織機の開発から始めなければならなかった。眠亀の苦心惨憺はこの時から始まる。

以来、2階の作業場に助手らとこもる日々。織機の図面を書いては破り、また書き直す苦労が続いた。「精巧なイ草のむしろをつくるには、3尺（約90センチ）幅に360本以上の経糸《たて》が必要」「イ草の締め付けには新型の筬《おさ》を工夫しなければ……」。全くの手探りだった。

磯崎眠亀

設計図が出来上がると、織機のひな形をつくり、そして試作品織機へ。模索が続き、最初の試作機が曲がりなりにもできたのは、1年後の明治9（1876）年。不安と期待が交錯する中、助手が試作機の踏み板を踏んだ。

「カタン」「カタン」……と杼《ひ》が動き、イ草が経糸の間に滑り込む。さらに杼を動かし、筬でイ草を締めた。するとイ草がずたずたに切れてしまった。「駄目だ、もう一度」。何回繰り返してもイ草は切れてしまう。「失敗だ。やり直そう」。眠亀らはまた設計図を引きなおし、再挑戦へ。そんな日々が続いた。

●――発明家としての第一歩

眠亀は天保5（1834）年、都宇郡帯江新田村（現倉敷市茶屋町）に生まれた。祖先は宝暦から明和の頃（1760～1770）、児島郡田之口村（現倉敷市児島田の口）から移住したと伝わる。同地一帯は宝永4（1707）年にできあがった干拓地。綿、イ草つくりが盛んだった。磯崎家は曽祖父の頃、由加山蓮台寺の参道に「児島屋」を開き、農村で内職につくられる小倉織を買い集めて販売。また自らもつむぎ、大坂、岡山の木綿問屋に売りさばいて生計を立てていた。

安政5（1858）年、父が大借金を残して死去。眠亀は領主戸川安愛《やすちか》を頼って江戸に出た。しかし武士は性に合わないと悟り、帰郷を決意する。途中、大坂でたまたま目にしたイギリス製の紡績糸の美しさに心を奪われた。「この糸で小倉織をつくれば素晴らしいものができるぞ！」。眠亀の心は躍った。文久2（1862）年、29歳の時である。

だが、英国糸はより方が国産とは反対で、織機にかけると糸がほぐれてしまった。同業者が嘲笑する中、眠亀は織機の改良に腐心、翌年には新織機で美しい小倉帯地を織り上げることに成功し、これが発明家としての第一歩になった。製品の人気は良く、父の大借金も完済、また元治元（1864）年、この帯地で織った法被300着を長州征討におもむく領主戸川安愛に献上、旧恩に報いた。

以後、眠亀は次々に新織機を発明、新製品を世に送り出す。1丈3尺（約3・9メートル）幅の織機で、縫い目のない蚊帳を初めて制作、表裏両面に織毛のある緞通の製織にも成功。また畳表織機を一人織り、足踏み式に改良して生産性の向上に寄与するなど発明家としての名声は次第に高まった。龍鬢莚に出会ったのはこうした時である。

●――貧乏のどん底でつかんだ成功

新しい花莚づくりの研究を始めてからは、眠亀は助手ともども作業場にこもりっきり。小倉織で蓄えた金も次第に乏しくなり、助手の給与にも困窮するほどになってきた。妻は内職に励んだが、着物や家財を売って米を買うまでに落ち込んだ。

翌年2台目の試作織機ができたが、またもや失敗。イ草を織り込んだ後、締めるとやはり、ずたずたに切れてしまうのだ。さらに研究は続けられた。世間はいつしか「眠亀は気が狂った」と評し始めた。眠亀は屈しなかった。

ついに「梯形筬《ていけいおさ》」という台形の筬を考案、イ草を挿入する際には手元の広い部分を、地絞め時には先端の狭い部分を使う「広組縮織《ひろくみちぢみおり》」の技法でイ草が切れるのを防ぐことに成功した。明治11（1878）年5月である。

翌年には塩基性染色法も発明、イ草に美しい色がつけられるようになり、模様挿入機も発明、イ草とは思えぬような精巧、華麗な織込花莚が世に出たのである。孫の龍子郎は、眠亀が「錦莞莚」と正式に名づけたのは、明治16、17（1883、84）年頃と推定している（森田平三郎著「倉敷雑記3」）。

眠亀の不屈の闘志は、子供たちの手本になった。同45（1912）年文部省編、尋常小学校読本第13巻には「赤貧洗ウガ如キ有様トナレリ。然レドモ少シモ其ノ志ヲタワメズ、イヨイヨ勇気ヲフルヒテ考案ヲ続ケ……」と紹介している。

●――実業家としての眠亀

眠亀は錦莞莚という画期的なイ草敷物によって、「発明家」としてのイメージが定着しているが、実業家として企業活動にも敏腕を発揮する。錦莞莚は高価なため、国内での売り込みは全く不振だった。しかし、神戸の貿易業者がその優秀さに着目、明治14（1881）年初めてイギリスに輸出、次第に欧米向け輸出商品としての地位を確立していく。

そうした中で眠亀が第一に着手したのが、今日でいう特許権、デザイン権の確保。当時の日本には、こうした発明に対する法的保護は全くなかった。画期的な発明の権利保護のために、同17（1884）年、県令高崎五六を通じて政府に保護立法を働きかけた。

翌年7月1日、専売特許条例が施行されると、眠亀は神戸から海路上京して発布当日出願、錦莞莚、織機ともに専売特許を許可された。眠亀は錦莞莚織機の発明と同時に、県令高崎に依頼、機密保持のために岡山刑務所内に織機300台を設置、生産を始めていたが、その必要もなくなった。

以後、眠亀の動きは素早かった。同19（1886）年、岡山区二日市に磯崎製莚所を新設、6年間に岡山花畑、玉島、茶屋町、大井（現岡山市）、横井（同）、香川県高松の各地に6工場を設け、織機数650台余、社員1200人という企業に成長させ、経営者としても注目を集めた。最盛期、織機は1000台を超えたという。

この間、錦莞莚は内国勧業博覧会2等（明治23年）、シカゴ・コロンブス博覧会金牌（同26年）など内外での評価も一層高まってきた。このころ眠亀はすでに60歳を越えていたが、苦難の人生でもっとも輝いていた時期である。茶屋町を中心に花莚造りは盛んになる一方で、神戸から貿易商がひっきりなしに訪れ、〝備中茶屋町今神戸〟といわれたのもこの頃だ。「茶屋町史」は「外人バイヤーが水門橋を渡って来訪しきりであった」と当時のにぎわいを述べている。

●──輸出産業としての花莚

郷土史家佐藤圭一がまとめた明治35（1902）年のアメリカ向け輸出品目によると、花莚は生糸、茶に次いで3位638万1000円を占めている。この頃は錦莞莚に似た平織りの綾莚（茶屋町）、紋花莚（岡山）などのほか、広島、福岡、大分でも花莚は生産されており、捺染ものもふくまれていると思われるが詳細なデータがない。

いずれにしても、カーペット代わりに使用された同国での人気ぶりがうかがわれる。織込花莚は明治時代、外貨獲得の重要産業だった。

「好事魔多し」。押し寄せる花莚に悲鳴をあげた米カーペット業者は、政府に働きかけ規制に乗り出す。明治29（1896）年輸入関税40％が課せられた。アメリカ市場からの締め出し措置である。同30年代後半には錦莞莚の生産量は次第に減少し、昭和3（1928）年頃に織られたのが最後といわれる。

眠亀も明治30（1897）年、二男に業務を任せ一線から引退、社会事業などに尽力した。同41（1908）年75歳で死去。

明治の実業人としての眠亀の気骨を示す面白い逸話がある。郷土史家佐藤が「デラカンプ事件」として紹介している。

眠亀が花莚をしきりに輸出していた頃、外国人バイヤーは日本商品に何かと因縁をつけ、値切るなど横車を押すことが多かった。

神戸在住のアメリカ人貿易商C・I・デラカンプもそうした一人。ある時「5月10日までに品物を送れ。価格1畳10円」の電報を送ってきた。眠亀は1万円相当の花莚を約束どおり神戸に送ったが、後日、「期日に品物が届かなかったので1畳8円でしか買えない」とクレームをつけてきた。

驚いた眠亀は調べてみると、期日通りに入庫していることが分かった。眠亀はデラカンプの事務所に押しかけ「うそをつくな。約束どおり支払え」と直談判。

「では9円50銭で」と値切る相手に「約束は約束。日本の商人のためにも絶対に値引きできない。いやなら裁判に持ち込んででも争うぞ」と一喝し、契約通り支払わせたという。佐藤は「泣き寝入りすることが多い当時にあって、眠亀は常に筋を通す商人だった」と評価する。発明家磯崎眠亀の一面である。

●―眠亀への敬愛を続ける茶屋町

眠亀が生まれ、育ち、錦莞莚を発明した倉敷市茶屋町は、平成18（2006）年干拓完成300年を迎えた。同地や隣接の早島町、岡山市妹尾一帯は古来「穴の海」と呼ばれる遠浅の海だった。近世にはいると干拓が盛んに進められ、特に宝永4（1707）年領主戸川によって早島沖新田、帯江沖新田など約200ヘクタールの干拓地が誕生、現在の茶屋町へと発展する。

だが、塩分を含んだ大地はすぐには稲作には不向き。綿、イ草栽培が奨励され、早島、妹尾一帯で産出される畳表は、「備中表」として、人気を呼んでいた。

統計によると、明治15（1882）年わずか39ヘクタールだった岡山県のイ草栽培面積は、同20（1887）年には280ヘクタール、同25（1892）年501ヘクタールと急増。岡山県がイ草王国としての発展のきっかけとなり、また織込花莚が「茶屋町今神戸」の賑わいをもたらしたことはよく知られる。

それから1世紀余、ピーク時5548ヘクタールの作付面積（昭和39年）で全国一を誇ったイ草栽培は、現在県南部の6戸が7ヘクタールを栽培しているだけ（岡山県農林部生産流通課調べ）。明治期、華麗、優美さで人々を驚嘆させた錦莞莚は、その技術を受け継ぐ後継者はいない。

当然のことながら、現存する錦莞莚は貴重な存在。倉敷市文化財保護審議会（会長・間壁忠彦倉敷考古館長）は平成16（2004）年3月、市重要文化財としてボタンに獅子をあしらった「極彩牡丹唐獅子模様錦莞莚」など26点を指定、翌年1点追加した。同館2階にはこのうち数点が常時展示され（岡山県立博物館、早島町教育委員会などにも数点ある）、イ草で編んだとは思えない精巧な模様に見学者は魅了される。

特筆すべきことは、地元茶屋町の磯崎眠亀に対する敬愛の念。眠亀記念館を拠点に「磯崎眠亀便り」の発行、眠亀を学ぶ各種講座の開催のほか、毎年11月23日には地区あげての「眠亀まつり」を行い、遺徳をしのぶ。

今年は茶屋町干拓300年のイベントとともに一段と盛り上げる計画で、300年記念事業実行委員会が組織され準備を進めている。地域の恩人とされる先覚者が歴史の中に埋没し、全く忘れられた存在になっているケース（備前市三石の加藤忍九郎、倉敷市児島の渾大防埃二、益三郎兄弟）をこのシリーズでも取り上げた。茶屋町が今なお磯崎眠亀への畏敬の念を持ち続け、顕彰活動を進めていることは敬服に値する。

（06年4月号）

＊参考文献　「新修倉敷市史　近世」（倉敷市史研究会編）、「改訂茶屋町史」（茶屋町史刊行委員会編）、「岡山県の百年」（柴田一、太田健一著）、「早島の歴史4　藺業史編」（早島町史編集委員会編）、「近代藺莚業の展開」（神立春樹著）、「磯崎眠亀」（佐藤圭一著）、「倉敷雑記3」（森田平三郎著）、「せとうち産業風土記」（山陽新聞社編）、「流れるおかやま百年」（同）、「岡山県歴史人物事典」（同）、「岡山県大百科事典」（同）

明治のベンチャー企業経営者　岸田吟香

目薬と新聞発行をめぐる3人のアメリカ人

●—実業家としての多彩な活動

岡山県久米郡垪和村（現美咲町）生まれ、岸田吟香（1833〜1905）は「わが国最初の新聞発行者」「最初の従軍記者」としての評価が定着している。特に岡山では明治ジャーナリズムの先駆者として畏敬する傾向が強い。美咲町旭文化会館2階の岸田吟香記念館は、その多彩な活動を紹介しているが、「わが国最初の新聞人岸田吟香は町の誇り」と賞賛を惜しまない。

だが、吟香72年の生涯は、新聞人の枠を大きくはみ出る。瀬戸内市出身の作家、土師清二（1893〜1977）は、著書「吟香素描」でその活動を次の8項目に列挙する。

1、日本で最初の新聞を発行した
2、慶応年間に最も優れた和英英和辞典の編纂にあたった
3、日本最初の従軍記者になった
4、日本最初の盲唖学校を創設した

5、江戸―横浜間の定期航路を開設した
6、精錡水という洋式製剤の目薬をひろく普及した
7、わが国で、石油事業の可能なことを発見した
8、中国大陸に進出し、文化の交流につくした（東亜同文書院の設立）
新聞にかかわるものは2項目だけ。吟香はこのほか氷販売会社を設立、晩年は薬学会振興にも尽くした。新規事業に果敢に挑戦する旺盛な事業欲は、新聞人というよりも、明治時代のベンチャービジネス先駆者である。

わが国最初の商工会議所・東京商法会議所が設立されたのは明治11（1878）年。初代会頭は渋沢栄一、第一副会頭福地源一郎、第二副会頭益田孝。議員には安田善次郎、川崎八右衛門、岩崎弥太郎、大倉喜八郎ら当時のそうそうたる実業家が名を連ねる。吟香も議員として外国貿易事務委員会、運輸・船舶事務委員会に所属、すでに実業家としての評価の定着をうかがわせる。

●―米人眼科医ヘボンとの出会い

吟香は、目薬販売の成功で実業家としての地歩を築くが、その発端は米人眼科医J・C・ヘボン（正しくはヘップバーン、のち明治学院創立に参加）による眼病の治療である。

吟香はふるさと垪和村で幼少のころから神童といわれるほど利発だった。津山、江戸などで勉学に励むが、出世の機会に恵まれず、銭湯や妓楼で働いたこともある。眼を患い、当時横浜村在住のヘボンに治療してもらったことから人生が急展開を始める。

ヘボンはヘボン式ローマ字創始者として有名だが、本職は医者であり、宣教師でもあった。米国・ペンシルバニア州ミルトン生まれ。プリンストン大を卒業後、さらにペンシルバニア大で医学を学んだ。

若い頃、シンガポール、アモイなどで伝道と医療に従事。来日前はニューヨークで眼科医院を開業、大いに繁盛していた。日米修好通商条約締結（安政5年）の翌年日本での伝道を志し、43歳の時夫人とともども来日した。当時はまだ切支丹禁制が解かれておらず、横浜の寺院内に診療所を開き治療に専念した。患者は1日平均20〜30人、多い日は100人という繁盛ぶりだった。

貧しい患者には無料で治療、時には外科手術もした。当時、歌舞伎女形として著名だった沢村田之助の壊疽治療では左足切断手術を行い、アメリカから義足を取り寄せた。沢村は日本で初めて義足を使用したことで名を残した。

岸田吟香（吉備路文学館提供）

●――わが国最初の英語辞書出版の手伝い

ある時、横浜の漁師が眼病が治らず困った挙句、ヘボンの診察を受けると、「薬水一滴でたちまち完治した」。当時、日本の目薬はハマグリの殻に入れたペースト状の塗り薬。目のふちに塗るか、水に溶いて使った。

〝魔法の水薬〟の評判は、江戸にいた津山出身の蘭学者箕作秋坪《みつくりしゅうへい》の耳に入り、眼病で困っていた同郷の吟香に教えた。吟香は横浜に出向いて数日治療を受けると、うそのように治った。文久3（1863）年5月、30歳の時である。

吟香は後年「ヘボン先生は徳高く、行い正しく、君子の風あるを感じ、敬慕の念を持った」とこの時の出会いを回顧。ヘボンも1日数十人も治療する患者の中で、吟香が教養ある知識人であることを見抜いた。運命の出会いである。

ヘボンは治療のかたわら、日本語の習得に励み、日本滞在中に集めた語彙約2万語を英和、和英辞典として編纂中だった。このため吟香に辞書編集の助手を依頼、吟香も恩返しにと快諾した。

慶応3（1867）年3月、ついにわが国初の和英、英和辞書が完成、「和英語林集成」と吟香が名づけた。この時使用されたローマ字は、日本人の発音を出来るかぎり欧米人に正確に伝えるためにヘボンが考案したもの。ヘボン式ローマ字として日本に定着した。この辞書が後世に残した功績は大きい。

出版に際しては大きな障害があった。当時の日本ではアルファベット印刷は出来ず、2人は上海に渡り、聖書を印刷する書店に頼んだ。だが上海にはカタカナ、ひらがながなく、吟香が版下用の文字を書き、苦労を重ねた末の刊行だった。初版は1200部発行、1部18両と高価だったが、好評で7版まで版を重ねた。60両にまで跳ね上がったこともある。

東京・文京区の大手印刷会社トッパン㈱内の印刷博物館はこの辞書を保有しているが、常時展示していない。

●―目薬「精錡水」販売で大成功

吟香がヘボン直伝の目薬「精錡水」の販売を始めたのは、辞書出版後の明治3（1870）年8月とされる（杉浦正著『岸田吟香―資料からみたその一生』）。この頃吟香は働き盛りの30歳代前半。「横浜新報もしほ草」の創刊、横浜―江戸間に定期航路の運航（以上慶応4年）、氷の販売開始、新潟で石油掘削事業計画（明治2年）、東京日日新聞に主筆として入社（同6年）など八面六臂の大活躍をしていた。

明治8（1875）年には東京・銀座2丁目に本格的な精錡水調合所「楽善堂薬舗」を開設、目薬だけでなく、書籍、石鹸などの販売を始めた。同13（1880）年さらに上海・英租界に分店を設けたのを皮切りに、中国各地に多数の店舗を開店。上海分店は日本人の中国進出の拠点となり、のち東亜同文書院設立へと発展する。

一方では、横浜毎日新聞に明治4（1871）年8月18日付で「蒸気汽船屋岸田銀次」の名前で「御めぐすり」の広告を出し、以後、取次所を次々に開設するたびに新聞広告を掲載、「新聞広告の元祖」ともいわれた。同8（1875）年にはみずから「精錡水功験書」を出版してその効能をたくみに宣伝、「精錡水」の名前は次第に浸透、売れ行きも順調に増加した。アメリカ、樺太などからも注文が舞い込んだ。

この精錡水の成分は現在解明されている。蒸留水450対硫酸亜鉛1の比率。硫酸亜鉛は結膜炎、眼瞼炎、角膜潰瘍などの治療に効果があった。困ったのは蒸留水の確保。まだ蒸留水製造装置はなく、雨を器に受けて採取、蒸留した。

瓶に使うコルク栓の確保はもっと困った。これについては司馬遼太郎が「街道をゆく　南蛮のみちII」で横浜居留地の外国人が捨てた洋酒類のコルク栓の廃物利用からスタートした、と書いている。

吟香の友人で伊賀上野、藤堂藩浪人の奥勝重が吟香に洋酒瓶の古コルク栓活用を教えた。点眼の仕方も現在とは大いに異なる。毛の柔らかな新しい筆などに目薬を含ませ、目に垂らした。

●—ジョセフ・ヒコと「海外新聞」を発行

吟香が次に出会ったアメリカ人は、ジョセフ・ヒコ（1837〜1897、日本名浜田彦蔵）である。播磨国加古郡生まれ、漁業手伝いをしていた。13歳の時、義父に同行して江戸に行き、その帰途、乗っていた船が遠州灘で遭難、52日も漂流の末アメリカ船に助けられ、9年間米国生活をするうちに帰化した。日米修好通商条約締結後、駐日公使ハリスの通訳として来日。万延元（1860）年に横浜で貿易業を始めた。リンカーン大統領と握手したとの記録が残る。

吟香がヒコに会うのはこの頃で、ヒコはアメリカでの経験から新聞の将来性を熱心に説いた。吟香は元治元（1864）年5月25日、わが国最初の新聞「新聞紙」を横浜でジョセフ・ヒコらと創刊した。元治元（1864）年といえば、この年6月新選組が池田屋に斬りこみ、8月には英仏4カ国連合艦隊が下関を砲撃するなど世情騒然としていた時である。

吟香が慶応元年にジョセフ・ヒコと発刊した日本最初の新聞

新聞発行といっても、二つ折りした半紙に1枚ごとに木版刷りし、4、5枚をこよりでとじた簡単なもの。翌慶応元（1865）年5月「海外新聞」と改題、この時をわが国最初の新聞発行とする研究者が多い。

内容は横浜に入港した外国船が持ち込む新聞をヒコが訳したもの。諸外国のニュース、珍しい話題をはじめ、金、海外相場などもあり、横浜在住の商人を対象としていた。吟香はヒコの訳文を適切な表現に直した。1部500文、月に2回（3、4回の説もある）発行、吟香自身も横浜市内に販売してまわった。固定読者は2人で、毎号100部前後しか売れなかったという。

26号まで出したが、慶応2（1866）年9月ヒコが長崎に行ったため、廃刊に追い込まれた。発行所はヒコの住所、横浜居留地141番（現中区山下町141番地）で、ここには「新聞発祥記念碑」の石柱が立つ。ヒコはこの後長崎や神戸で貿易を行い、明治30（1897）年東京で死去した。享年60。

●──江戸──横浜定期航路の開設

3番目のアメリカ人はユージン・M・ヴァン・リード。ペンシルバニア州生まれ。ヒコと一緒に来日し、横浜のアメリカ領事館に勤務後、貿易商として諸藩へ武器を売り込み、海外への留学生、移民募集に奔走していた。ハワイ王国の駐日総領事とも称した。吟香は慶応元（1865）年ごろ、ヒコの紹介で知り合った。

わが国最初の新聞「海外新聞」は、ヒコが長崎に行ったため廃刊となり、熱情を注いだ「和英語林集成」も完成してみれば、吟香は心にぽっかりと大きな穴が出来たような感じ。

そこへ江戸─横浜を結ぶ定期航路開設の計画が持ち込まれた。ヴァン・リードが幕府から小型蒸気船「稲川丸」（35馬力、94トン）を1万7000ドルで払い下げを受け、共同運航する計画である。

3000ドルだけを取り敢えず支払い、残金は3年で支払うという好条件だった。江戸の回船問屋2人も加わり出資金を分担、船舶の名義人はヴァン・リード、吟香は横浜の支配人として慶応4（1868）年8月から1日1往復の運行を開始した。珍しさもあって定員50人の船内は連日満員を続けた。

その後ヴァン・リードは「稲川丸」から手を引き、また同業者の出現もあって経営は次第に悪化、吟香は明治5（1872）年船を北海道開拓使に青函連絡船用に売却した。この年9月新橋―横浜間に鉄道が開通、同航路は全く不要になった。

●―「横浜新報　もしほ草」とヴァン・リード

慶応3（1867）年12月9日には王政復古の大号令。続いて鳥羽伏見の戦い、将軍徳川慶喜の恭順と時代は目まぐるしく動いた。世情は混沌としており、流言飛語も飛び交った。新聞らしきものもあったが、断片情報を伝えるばかり。ヒコと「海外新聞」発行の経験を持つ吟香の血が再び騒いだのも無理はない。慶応4（1868）年4月、ヴァン・リードと組んで「横浜新報　もしほ草」を創刊した。

ヴァン・リードの商人としての悪辣ぶりはすでに一部で知られていた。留学生名目でアメリカに藩士を送り込むが、実質は奴隷同様の年季奉公人。年期終了まで悔し涙で働いた留学生もいる。慶応3（1867）年仙台藩から派遣された、当時14歳の高橋是清（のち大蔵大臣）も同じ被害にあっている。

ヴァン・リードの悪辣さの最たるものは、慶応4（1868）年5月17日、横浜からハワイに集団移民として送り出した日本人153人（149人説もある）である。徳川幕府は、ハワイ政府が要請した労働力不足補充の大量移民を了承したが、幕府は瓦解。明治政府は移民を認めなかった。

ヴァン・リードは維新のどさくさにまぎれて無許可で送り込んだ。〝元年移民〟である。しかし当初の説明とは違う劣悪な労働条件（年期3年、1カ月4ドル）だったため現地で紛糾。両国の外交問題に発展し、明治政府は翌2（1869）年使節を派遣、希望者41人を連れ戻す騒ぎになった。以後、明治17（1884）

年までハワイ移民は途絶された。

　吟香がヴァン・リードの悪評を知らないはずはないと思われるが、共同事業として手を組んだのは当時の新聞事情による。「横浜新報　もしほ草」は和紙四つ折り、絹糸で綴った雑誌風。第1号表紙下部に「93ウエンリード」と縦書きされている。表紙のデザインはその後変わるが、93はヴァン・リードの横浜居留地住所であり、発行人がヴァン・リードであることを意味する。

旭川ダム湖畔の吟香顕彰碑（右）と胸像＝美咲町栃原

　吟香の後年の回顧によると、ヴァン・リード名にしたのは、当時、新聞弾圧に利用された太政官布告の適用を免れるためで、海外ニュースを集めるのにも便利だったという。吟香が執筆、編集の中心だったことは言うまでもない。

　吟香得意の平易な文章が人気を呼び、一時は購読者もふえたが、ライバル紙の出現で明治3（１８７０）年3月42号で廃刊した。またヴァン・リードは明治6（１８７３）年ごろハワイで死去したと伝えられる。

　以後、吟香は新聞発行に携わることはなく、記者として名声を博するようになる。同6（１８７３）年東京日日新聞に主筆として入社、同7（１８７４）年5月には日本の台湾出兵に同行、現地の生々しい状況を平易な文章で伝え、日本最初の従軍記者として名を残した。

　その後、明治天皇の巡幸に随行、「東北御巡幸記」などを連載、歳の時である。
好評を博した。「岸田吟香」の名前が東京日日新聞紙上から全く消えるのは明治15（1882）年1月、49

吟香は明治38（1905）年6月72歳で死去するまでの晩年は、日本薬学会の役員として売薬業界振興につくし、また、上海を拠点に東亜同文書院の設立、日中友好に奔走する生涯だった。

昭和26（1951）年10月、吟香の遺徳を慕う岸田吟香顕彰会が郷里の旭川ダム湖畔（現美咲町栃原）に記念碑を建てた。東京・隅田川畔にも明治45（1912）年記念碑が建立されている。余談ながら「麗子像」で有名な画家岸田劉生は吟香の4男である。

（06年12月号）

＊参考文献　「岸田吟香略伝」（杉山栄著）、「岸田吟香―資料から見たその一生」（杉浦正著）、「岸田吟香伝」（旭町教育委員会編）、「吟香素描」（土師清二著）、「街道をゆく　南蛮のみちⅡ」（司馬遼太郎著）、「近代史上の岡山県人」（山陽放送編）、「東京商工会議所百年史」（東京商工会議所百年史編纂委員会編）、「続思想の流れ」（山陽新聞社編）、「岡山県歴史人物事典」（同）

耐火煉瓦工業生みの親　加藤忍九郎

不撓不屈　七転び八起きの人生

●――山中鹿之助の苦難に似る？

明治30（1897）年のことである。東備地区耐火煉瓦工業生みの親・加藤忍九郎（1838〜1918）の還暦祝いが、和気郡三石村（現備前市三石）の自宅で盛大に催された。親族、友人多数が集まった席で、当時閑谷黌黌長の西毅一（薇山）は、得意の漢文で忍九郎の業績をたたえた。その主旨を要約すると「戦国時代、尼子家武将山中鹿之介は、毛利に滅ぼされた主家の再興を願って、『われに七難九厄を与えたまえ』と三日月に祈った。忍九郎翁の生涯は、自ら苦難を背負って生きた点で鹿之介に似ている。創業者は七難に遭い、九厄に煩わされるものだ。翁は難に耐え、厄を忍び、不撓不屈の精神で社業を発展させた。まさに〝忍九〟の生涯だ」と絶賛している。

薇山（1843〜1904）は博識の教育者。人口に膾炙《かいしゃ》している鹿之介の「七難八苦を与えたまえ」の名言を知らぬはずはないと思われるが、史料には「七難九厄」で残っている。「忍九郎」という名前を意識して、あえて「九厄」という表現を使ったのか？

加藤忍九郎

このころの忍九郎の事業は、草創期の苦難を乗り切り順風満帆だった。だが、これ以前もこの後の晩年も、思いがけない蹉跌と挫折があり、そのたびに苦難を克服している。その生涯は七難八苦でなく、七難九厄でもない。むしろ「七転び八起き」というべきで、この言葉こそ忍九郎80年の生涯を形容するのにもっともふさわしいと思う。

●―忍九郎以前の耐火煉瓦

幕末、ペリーの来日などでにわかに海防論議が高まり、大砲鋳造の必要が論じられた。嘉永3（1850）年の佐賀藩主鍋島閑叟に始まり、薩摩藩主島津斉彬、伊豆韮山代官江川太郎左衛門らが反射炉の建設に乗り出し、白土でつくった煉瓦状のものが炉内面に用いられた。これらがわが国最初の耐火煉瓦とされる。

岡山でも藩主池田茂政《もちまさ》が元治元（1864）年、尾関滝右衛門に命じて上道郡大多羅村（現岡山市大多羅町）に反射炉を築造させ、慶応2（1866）年までに大砲十数門を鋳造させた。

この反射炉築造に使用された耐火煉瓦が岡山最初とされる。粘土は玉井宮（岡山市門田）近くの幣立山から取り寄せた説と、大多羅に昔からある耐火度の強い粘土を使用したという説がある。ただし大砲は試射の時すべて破裂、死傷者を出すほどの失敗作だった。

明治になって、上道郡九蟠村（現岡山市）生まれの紙問屋、稲垣兵衛（1846〜1906）が企業化に成功した。稲垣は三石産ろう石に着目、明治17（1884）年和気郡三石村に稲垣煉瓦製造所を設立し、耐火煉瓦、建築用煉瓦を「稲垣煉瓦」として売り出した。

数年後には岡山区天瀬（現岡山市）、磐梨郡松木村（現赤磐市）、邑久郡西須恵村（現瀬戸内市）などに工場を増設する繁盛ぶりだった。明治22（1889）年春には、パリの万国大博覧会に出品して金牌大賞（1等賞）を受賞、「稲垣煉瓦」の名前はますます高まった。

稲垣はほかにもいろいろな事業にかかわっていたため、資金繰りに苦しみ続け、同28（1895）年10月、岡山市の実業家杉山岩三郎に煉瓦工場を売却、「稲垣耐火煉瓦杉山工場」となった。だが、数年後には工場は閉鎖され（「三石町史」）、稲垣も明治39（1906）年東京で死去した。第3次吉田内閣の商工大臣を務めた岡山市出身稲垣平太郎（1888〜1976）は、兵衛の孫である。

●―石筆生産に乗り出す

加藤忍九郎がいつ耐火煉瓦生産に乗り出したかについては、稲垣とほぼ同時期の明治17（1884）年から同23（1890）年までさまざまの議論がある。また明治19（1886）年10月20日付山陽新報（山陽新聞の前身）に「三石の加藤某が蝋石煉瓦の製造を成就した由」と報じられているが、この時はまだ試作品段階とする説もある。

忍九郎は天保9（1838）年、和気郡野谷村（現備前市三石）の名主の家に生まれた。21歳で同村名主になり、のち近郷2カ村の名主も兼任するなど若い頃から地域の有力者だった。

維新直後、殖産興業が奨励される中、忍九郎は日本酒つくりを始めた。だが、たまたま訪れた県庁で清国産の石筆が1本3銭とべらぼうに高価（米1升が1銭8厘だった）であることを知り、自宅近くの山のろう石を活用して石筆を作ろう、と決意した。明治5（1872）年、34歳の時である。

石筆はろう石を棒状（四角か丸状、長さ8センチ、径0・8センチくらい、先端が細くなっている）にけずった筆記用具で、石板の上に文字を書くために使われていた。ちょうどこの年、小学校の筆記用具に採用され、事業はタイミングよいスタートを切った。

同8年（1875）年には酒つくりを廃止、酒蔵を石筆工場に転用した。また原材料として近くの白石山を確保、同9（1876）年に石筆専門の校用舎を、さらに同23（1890）年11月、大阪の学用品問屋と共同出資の大阪石筆会社（同26年12月合資会社に改組）を設立、増える一方の石筆需要に対応した。

石筆、石板は文字を消す時に粉塵がでるため、明治33（1900）年には文部省令によって使用禁止になり鉛筆と紙に代わったが、この頃は注文に生産が追いつかず、製品の争奪合戦が毎日繰り返されるにぎわいだったという。

だが、忍九郎には悩みもあった。第1は石筆づくりの時にでる厖大なくず石の処理、第2は新しいろう石山の確保だった。

●——耐火煉瓦を本格生産

明治18（1885）年、農商務省地質調査所技師（当時）の巨智部《こちべ》忠承《ただうけ》は、三石のろう石が耐火性に優れていることを見抜き、忍九郎に教えた。「この一言は忍九郎を狂喜させ、耐火煉瓦本格生産に乗り出すきっかけになった」と郷土史家岡長平（1890〜1970）は「加藤忍九郎伝」で述べている。

ろう石で石筆をつくる際、その十倍以上のくず石がでる。巨智部によれば、この厖大なくず石すべてが耐火煉瓦の良質原料になるというのだ。忍九郎が躍り上がらんばかりに喜んだのも無理はない。

「ろう石は、精米に使用されていた足踏み式の石臼で粉砕、窯の築造は素人では難しいので、愛知・瀬戸（伊部説もある）から、磁器窯の築造ができる職人を招いて工業化に乗り出した」（「加藤忍九郎伝」）。

忍九郎は、大阪石筆設立と同年の明治23（1890）年5月、三石煉瓦製造所（同25年三石耐火煉瓦株式会社に改組）を設立、耐火煉瓦生産にも本格的に乗り出した。52歳の時である。

資本金4万7000円、社員48人、株主は87人もいた。この多数の株主数が同36（1903）年の株主総会で大誤算の因となる。これについては後述する。

「三石町史」は「忍九郎は立ち上がりが遅かったために、日清戦争後の反動恐慌にもびくともしなかった。8年間の研究と慎重な性格からその後の難局を乗り切った。三石ろう石の特質を熟知しており、独特の配合も考え出し、窯も工夫したので低コストの製品ができた」と断定し、「大正9（1920）年三石地区の耐火煉瓦が全国生産の76％（現在は約30％）を築くまでになったのも忍九郎に負うところ大」と高く評価している。

●—大平山《おおひら》入手で原料面の不安解消

JR山陽線上りが三石駅に近づくと、南側に露天掘りの白い山肌が目にとび込む（国道2号線は山すそ沿いなので見えにくい）。良質なろう石山として知られる台山だ。

忍九郎はこの台山の採掘権を得てまず石筆材料に利用、次いで耐火煉瓦原料として大量採掘に乗り出す。台山の豊富なろう石は、その後の発展の大きな要因である。

増大する需要に対応するため、さらに新しいろう石山が必要になってきた。原料となる山を探し回り、ついに台山の西の大平山でろう石鉱脈を発見した。

所有者は当時の和気郡片上村長中村延三で、大金（価格は不明）をはたいて購入したと伝わる。明治31（1898）年春で、還暦祝いの翌年だ。2年後採掘のために神戸の友人室谷藤七と匿名組合大平鉱山事務所（大正2年株式会社に組織変更）を設立、原料面での不安も一掃した。60歳前後のこの頃が、忍九郎の人生でもっとも充実していた時期といえよう。

なお同社は戦後、鉄鋼業の需要増大に対応、新鉱業所の開設や採掘の合理化を進め、平成元（1989）年、社名を株式会社大平に改めた。同10（1998）年9月には、忍九郎直系の神崎耐火煉瓦（後述）を合併、現在に至っている。資本金6510万円、年間売上高18億円、神崎保社長は忍九郎一族の子孫である。

●——内輪もめで2度も苦汁をなめる

岡長平は忍九郎を「事業活動には熱心だったが、性格は無欲恬淡《てんたん》、典型的な庄屋タイプ」と評する。そのためせっかく苦労して育て上げた優良会社を1度ならず、2度まで他人に渡してしまった。

1回目は大阪石筆合資会社の内紛。前述のように明治5（1872）年石筆生産に乗り出し、値段の安さと優秀な品質が評判となり、文字どおり飛ぶような売れ行き。同14（1881）年の第1回内国勧業博覧会で最優秀製品に選ばれたことが、さらに拍車をかけた。大阪・東区に取次店を出し、忍九郎も大阪に常駐することが多くなり、同23（1890）年には、大阪の問屋と共同出資で大阪石筆を設立するまでの発展を見せた。

だが忍九郎はこの年、耐火煉瓦の本格生産にも乗り出したことから大阪側との確執が表面化した。大阪石筆の定款は役員の兼業を制限していたためで、結局、忍九郎は石筆から一切手を引き、耐火煉瓦に専念する。この決断には地元、業界ともに驚いたと伝わる。

2回目は日露戦争直前、明治36（1903）年の三石耐火煉瓦株主総会での敗北。このころ不況が深刻化し、経営のあり方をめぐって役員間の対立が激化し、また株主からも社長交代を求める声が出ていた。

忍九郎は、これまでの経験、大きな利益の期待できる戦争が迫っていることなどを挙げ、関係者の説得に努めたが、決着は総会決議に持ち込まれた。結果は忍九郎の退任、専務万波忠治（1849〜1920）の社長就任が決定した。

万波は和気郡吉永北方村（現備前市吉永町）出身、村長、郡議、県議を務めた有力者。以後大正9（1920）年まで17年在任した。現社長万波有道は忠治の孫。同社は現在資本金3000万円、年間売上高20億円のうち耐火煉瓦生産が90％、ほかに舗装用煉瓦など。

手塩にかけた会社を再び追われた忍九郎はこの時65歳、さぞかし無念だったと思われる。岡長平のいうように庄屋タイプのおうような性格が災いしたのか？　詰めが甘かったのか？　やむなく、一部幹部社員を連れて、二男琴次が設立した加藤耐火煉瓦製造所（明治27年三石製瓦合資会社としてスタート→同30年日本耐火煉瓦株式会社→同34年この社名に）で再起を期した。

まもなく日露戦争が勃発。忍九郎の知名度もあって、加藤耐火煉瓦には陸海軍工廠などの注文が殺到、かつてない盛況が続いた。明治39（1906）年には資本金を大幅増資（3万5000円）、社名を三石耐火煉瓦加藤合資会社（のち神崎耐火煉瓦）に改め、戦後も事業を継続していたが、平成10（1998）年㈱大平と合併した。

●―山陽鉄道誘致でも三石の恩人に

忍九郎の山陽鉄道にかけた熱意はすさまじい。姫路まで敷かれた山陽鉄道を西に延ばすにあたって、「岡山県内のどこのルートを通すか」は県民にとって大きな関心事だった。赤穂から海岸沿い西大寺経由の南回りルートか、それとも難所の船坂峠にトンネルを掘り、三石、瀬戸を通過する北ルートか。

三石の恩人・加藤忍九郎の生家跡には功績をしのばすものは何もない＝備前市野谷

会社は当初、南ルートを考えていたが、南ルートの塩田業者から、「塩が汚れる」と猛反対運動がおこった。高瀬舟の寄港地西大寺も「港がさびれる」と反対にまわった。

山深い三石で製品の搬出に苦労していた忍九郎は「布設線路期成同盟会」を結成、同志を募って北ルートの誘致運動を開始した。明治17（1884）年、38歳の時である。

村民大会、郡民大会、連合大会を次々に開催、また倉敷の有力者大原孝四郎、林醇平らのほか、福山、尾道にも協力を呼びかけ、ついに北ルートに決定させた。明治24（1891）年9月山陽鉄道は福山まで開通した。三石からの製品搬出は、これまで狭い山道を馬車で片上港まで輸送していたのに比べ、格段に便利になった。

鉄道路線が北ルートに決定すると、忍九郎の家屋敷が線路用地に、また工場敷地の一部が駅構内になることが判明したが、率先して無償譲渡または低額譲渡を申し出、山陽鉄道を感激させた。同社は終身2等車（現在のグリーン車に相当）パスで報いた逸話が残る。忍九郎は大正7（1918）年7月三石町の自宅で死去した。80歳。

三石ろう石から生まれた東備地区の耐火煉瓦工業は、第2次大戦後は不定形耐火物の比率が急激に高まり、また韓国、中国からの輸入ろう石も大幅に増加、工場も原料、製品の搬出入に便利な赤穂市、備前市片上地区など港湾部に集中するなど様変わりした。

とはいえ、東備地区の耐火煉瓦工業は、忍九郎なしには語れず、その果たした役割は絶大なものがある。備前市に忍九郎の遺跡を訪ねると、広大な生家跡（野谷）は荒れたまま、同市三石体育館（三石）の片隅に胸像があるだけでは寂しすぎないか。市内外に散在する資料、事跡を伝えるものを一堂に展示し、「耐火煉瓦の祖」「地域の恩人」の功績をもっと語り伝えることが必要だろう。

（05年12月号）

＊参考文献　「加藤忍九郎伝」（岡長平著）、「三石町史」（三石町史編集委員会編）、「和気郡史」（和気郡史刊行会編）、「加藤忍九郎翁物語」（備前市立三石公民館編）、「和気の歴史」（仙田実著）、「耐火煉瓦の歴史」（竹内清和著）、「せとうち産業風土記」（山陽新聞社編）、「岡山県歴史人物事典」（同）、「岡山県大百科事典」（同）

帯江鉱山オーナー　中国民報創業者　坂本金弥

「銅山と新聞と政治」3足のわらじ

●―帯江鉱山夢の跡

　JR山陽線中庄駅西南約1キロ、マスカットスタジアム南方にゆるやかな丘陵が広がる。みずみずしい新緑が青空に映え、住宅団地とのコントラストが美しい。のどかで平和そのものの風景だが、ほんの100年余り前、この丘陵の地底深くには坑道が縦横に広がり、銅鉱石の採掘が盛んに行われていたことを知る人は少ない。

　丘陵麓の一角では人々が銅精錬に忙しく働き、丘上の巨大煙突は亜硫酸ガスを含んだ煙を吐き、樹木は立ち枯れ。児島湾につながる川幅の狭い六間川には、製品搬出、資材搬入の小船がもやっていた。「わが国に鉱山多しといえども、交通の便、ここに勝るところなし」と言い伝えられた帯江鉱山（倉敷市中庄、黒崎）があった。

　この鉱山は江戸時代すでに銅を産出していた。明治以降、地元の有志がさらにいくつか採掘を手がけた後、同20年代初め三菱合資会社（現三菱マテリアル）が買収、開発に本格的に乗り出し、数カ所の鉱区を総称して「帯江鉱山」と名づけた。鉱区は旧都窪郡中庄、黒崎、早島各村にまたがり、旧帯江村内にはなかった。だが、以後この名称が定着、今日に至っている（「新修倉敷市史」）。

●―老朽鉱山を一気に近代化

坂本金弥（1865～1923）はこの鉱山を三菱合資から破格の安値で購入、明治の岡山実業界にさっそうと登場した。政治家としても多彩な経歴を持つ。新聞経営に携わったこともあり、経済人の枠でしばるには若干のためらいもある。

慶応元（1865）年、岡山城下に生まれた。維新後、岡山商法講習所で学び、大阪仏蘭西法律塾から同志社に学んだ。のち代言人（弁護士）の仕事をしているうちに、帯江鉱山鉱区をめぐる〝もめごと〟にかかわり、鉱山経営そのものに興味をもったといわれる。

坂本金弥（山陽新聞社提供）

三菱合資が経営に乗り出したころは、旧式の手掘りで銅の精錬量もわずか、採算性は悪かった。同社は経営の続行をあきらめ、明治24（1891）年坂本にわずか3400円で譲渡した。購入価格1万7216円のほぼ2割の安値である。この時坂本は26歳。資金は銀行から借り入れたといわれる。

「新修倉敷市史」によると、坂本は、鉱山入手と同時に従来の手掘り方式、人力に頼る搬出を改め、採掘方法の近代化に乗り出す。坑道にはレールを敷きトロッコを導入、坑内湧水の搬出には動力（蒸気機関）の巻き上げ機を設置、また選鉱工程も機械化、生産性を著しく向上させた。精錬所は現在の倉敷自動車学校（倉敷市中庄）付近にあった。銅鉱石の溶鉱炉を4基設置、蒸気機関による送風、コークスによる溶融も始めた。このコークスは近隣の日比村（現玉野市日比）に新設した坂本コークスから供給された。

●―ドル箱となった鉱山収益

坂本は隣接する鉱区も次々に買収、明治41（1908）年頃には、所有鉱区全体の面積は、三菱合資から買収当時の16倍以上、183ヘクタールにも達した。ダイナマイトによる掘削、圧縮空気による削岩機なども導入、機械選鉱も一段と進んだ。当然、帯江鉱山の地元・中庄村（当時）は空前の活況に沸いた。

同村には各地から鉱山労働者が集まり、人口はピーク時（明治37年）5023人と、坂本が鉱山経営を引き受けた同24（1891）年の1・7倍にもふくれ上がった。最盛期、鉱山労働者住宅だけで400戸を超え、電灯がついたのも隣の倉敷町（当時）より3年も早い同39（1906）年だった。芝居小屋や小料理店もにぎわっていた。

出鉱量も同42（1909）年には6万トンの大台に乗せ、吉岡鉱山（現高梁市成羽町吹屋）に次ぐ岡山県下第2位の銅山、全国ランクでも5指に入った。この頃の坂本の羽振りのよさを示すデータがある。同37（1904）年の岡山県多額納税者リストである（別表）。1位大原孝四郎7923円、2位の野﨑武吉郎3737円と続く中で、坂本は7位2651円にランクされている。

多額納税者の多くは先祖伝来の田畑、塩田など地租のウエイトが高いのに対し、坂本の場合その納税額のほとんどは、帯江鉱山からの収益によるものと推定される。鉱山買収から13年、これだけの多額納税者にのし上がった坂本は、今風にいうならばベンチャーの大成功者であろう。39歳の時である。

その後坂本合資会社を設立、個人経営から法人組織による経営に切り替え、また同42（1909）年精錬所を瀬戸内海の小島・犬島（現岡山市）に移転した。公害問題へ対応せざるを得なくなったのだ。

今では、倉敷市中庄、黒崎地区に鉱山の遺跡はほとんど見当たらず、ゴルフ場への北側上がり口の遊園地脇や、自動車学校付近に石垣代わりのヘルメット状〝かなくそ〟が積み上げられている程度。山林に分け入れば坑口などを見ることができる。

●—銀行、紡績業では失敗

坂本は、鉱山経営と並行して銀行、紡績にも手を広げた。明治28（1895）年銀行条例が改正されると、岡山県下でも実力をたくわえてきた地主、実業家らが続々と銀行設立に乗り出し、同33（1900）年には53行も設立された。

坂本は同29（1896）年、友人らと御野郡石井村（現岡山市下石井）に御野銀行（資本金5万円）を設立した。第二十二国立銀行に対抗した、との見方もある。だが、日清戦争後の反動不況に続き、金融不況の

岡山県内の多額納税者（明治37年）（単位：円）

氏名	住所	納税額		
		地租	その他	合計
①大原　孝四郎	都窪郡倉敷町	6,615	1,308	7,923
②野﨑　武吉郎	児島郡味野村	3,093	644	3,737
③土居　通信	苫田郡田邑村	2,998	581	3,579
④服部　平五郎	邑久郡牛窓町	2,389	941	3,330
⑤伊原木　藻平	上道郡西大寺町	1,755	1,167	2,992
⑥大橋平右衛門	都窪郡倉敷町	2,344	319	2,663
⑦坂本　金弥	岡山市古京町	236	2,415	2,651
⑧佐藤　栄八	都窪郡茶屋町	1,715	883	2,598
⑨藤田　林蔵	吉備郡足守村	1,926	609	2,535
⑩梶谷　甚之丞	都窪郡中洲村	2,088	325	2,413

「中国銀行五十年史」より

深刻化などで貸出金がこげつき、同34（1901）年8月、取り付け騒ぎがおこり破産宣告された。銀行経営はわずか5年だった。

吉備紡績所の経営にも失敗する。同社の前身は玉島紡績所で、岡山紡績所、下村紡績所とともに岡山県下紡績業界最古参。西日本最大クラスの2万5600錘にまで規模拡大（明治31年）したが、翌年、過度の借入金が災いして破産。坂本合資が買収、同社吉備紡績所として新発足した。

だが同41（1908）年には、中国向け輸出の不振から三井物産、二十二銀行の管理下に入り、同年倉敷紡績に買収され、同社玉島工場となった。坂本の経営にかげりが見え始めるのもこの頃からである。

●—新聞発行に強い執着

坂本は若年の頃から政治に強い関心を持っていた。その立場は反権力、反藩閥政治。岡山で岡本佐市らと鶴明会を結成、さらに備作同好倶楽部に組織拡大したが、常に急進主義的な立場をとった。

明治27（1894）年、中国進歩党を結成、岡山市から県会議員に29歳で当選。同31（1898）年3月、第5回衆議院選岡山1区に進歩党から立候補初当選以来、第13回の大正6（1917）年まで7期代議士を務めるなどその政治歴は長い。晩年を除き常に犬養毅と行動をともにし、岡山を代表する有力政治家だった。

坂本はその政治主張を貫徹する手段として新聞に執着した。明治22（1889）年大日本帝国憲法発布に続き、翌年帝国議会が召集された。選挙資格は高額納税者に限られていたとはいえ、国民の政治意識は高まり、藩閥政治打破の機運も強かった。多感な〝政治好き〟の坂本は、まず新聞にのめりこんでいく。

同22（1889）年創刊された自由党機関紙「岡山日報」を資金面で援助、自由民権運動の闘士として知られた植木枝盛を主筆として招き、反政府の活発な言論を展開した。25歳の時で、のち同紙社長に就任した。

その後自由党は分裂し、坂本は「岡山日報」を離れ、同24（1891）年、機関誌「進歩」（月2回発行）を発刊するが、同誌も「論調が過激すぎる」との理由で発禁処分を受け、9号で廃刊した。

坂本は屈せず「それなら日刊新聞の発行を」と同25（1892）年7月、岡山市東中山下（現岡山市中山下）に本社をおく「中国民報」（山陽新聞の前身のひとつ）を創刊した。翌年には倉敷出身、秋山定輔（1868～1950）の「二六新報」（東京）創刊にも資金援助している。

この頃の坂本は、三菱合資から帯江鉱山を買収、その機械化、近代化に懸命になっていたが、まだ27、28歳。県会議員にもなっておらず、政治好きの白面の一青年に過ぎなかった。新聞発行にかける熱意だけは驚くべきものがある。

「中国民報」は坂本の政治主張を貫く機関紙的な性格が強かった。以後、同12（1879）年創刊で先輩格の「山陽新報」（山陽新聞の前身）と派手な言論戦と苛烈な販売競争を展開していく。

●―短かった全盛期

「鉱山」と「政治」と「新聞」。3足のわらじをはきながら、岡山の政界、実業界に登場した坂本の全盛期を物語る逸話が今も伝わる。明治39（1906）年11月、岡山市の後楽園を借り切って行われた、坂本合資会社開業と中国民報本社増改築披露を兼ねた園遊会である。

帯江鉱山の〝かなくそ〟でつくられた垣も今ではほとんど見られない＝倉敷市中庄

当日の招待客1500人。園内各亭には模擬店が設けられ、市内の芸者総動員で接待に当たり舞踊も披露、花火が間断なく打ち上げられた。岡山市内の芝居小屋「大福座」「高砂座」も借り切り無料開放された。

後楽園下手、旭川沿いの旧岡山藩首席家老伊木三猿斎の広壮な下屋敷（荒手屋敷、約1万4000平方メートル）は、この時坂本が買い取っていた。坂本邸と後楽園にはそれぞれ仮桟橋が設けられ、招待者は5隻の小船で後楽園―坂本邸を往復、坂本邸では数々の書画骨董や瀟洒《しょうしゃ》な庭園に参会者は驚嘆したという。坂本の生涯で最高の絶頂期、41歳だった。

「満つれば欠くるは世の常」。この頃から坂本の運も少しずつ傾き始める。2年後の同41（1908）年には、西日本最大規模の吉備紡績所を手放したことはすでに述べた。ドル箱の鉱山の銅産出量も減り始め、また、亜硫酸ガスによる公害問題が表面化してきたことも打撃だった。

鉱山周辺では、精錬工程から出る亜硫酸ガスで山林樹木は立ち枯れし、イネ、イ草、麦にも被害が頻発。排水による河川の汚染は早くから顕著で、六間川は魚のいない川になっていた。鉱山側は地元と被災補償協定を結び、金銭を支払って反対運動が活発化するのを抑えていた。だが、明治30年代半ばからは被害が顕著になり、精錬所移転を求める動きが表面化してきた。

栃木・足尾銅山の公害が深刻化、代議士田中正造が明治天皇に直訴したのは、同34（1901）年暮れのことである。同38（1905）年には、愛媛・別子銅山の煙害にも反対運動がおこり、沖合の四阪島に移転した。

坂本もついに同42（1909）年、邑久郡朝日村（現岡山市）の犬島に精錬所を移転した。地元の煙害はなくなったが、犬島で「禿山《はげ》の　尖《とが》り岩の上　煙立ちて　毒煙低く　這ふ夕かな」（太田郁郎歌集「毒煙」）と新たな公害問題が発生したことは知られる。精錬所は大正8（1919）年閉鎖された。

●—政治判断の誤りで致命的打撃

年号が明治から大正へと代わったばかりの大正元（1912）年12月、陸軍と内閣との対立が深まる中で、上原陸相は朝鮮2個師団増設に失敗したため、首相を経由せず独断で天皇に辞表を提出した。陸軍は後任陸相を出さず西園寺内閣は倒れた。

内大臣兼侍従長として宮中にあった桂太郎が第3次桂内閣を組織したが、桂は長州閥の代表的人物。世論は猛反発し、犬養毅、尾崎行雄らが中心になって憲政擁護、閥族打倒運動がおこり、同内閣は60余日で総辞職、当時の短命内閣の記録をつくった。

この時、坂本は長年の同志犬養と袂《たもと》をわかって、桂に組して与党立憲同志会幹事長に就任した。農商務大臣のいすを約束されていた、とのうがった見方もあるが、真相は不明。いずれにしても、この坂本の豹変に〝犬養信者〟の多い地元岡山での人気は急激に下降した。

その影響はまず「中国民報」に現れた。坂本の機関紙的性格の強かった同紙の購読部数が激減したのである。「新聞は3部刷ればよい。１部は納本用、１部は社長宅、１部は保存用」と同社主筆が嘆いたほどの落ち込みを見せた。坂本はついに翌2（１９１３）年、同紙を大原孫三郎に5万円で譲渡した。

採掘量の落ちた帯江鉱山の採算悪化も目立ってきた。この年11月には鉱山も藤田組に売却、鉱山業からも手を引いてしまった。大正2（１９１３）年は、坂本にとって生涯忘れられない痛恨の年となった。坂本の人生は急転し始めたのである。そのきっかけは、西園寺内閣辞職後の政治判断の誤りだった。

坂本はその後2度の総選挙（大正4、6年）には当選したが、桂の死後、同9（１９２０）年の選挙には立候補せず政界を引退、岡山市古京荒手の邸宅で骨董などに親しみながら余生を過ごし、同12（１９２３）年10月、58歳で波乱に富んだ生涯を終えた。

●—死後、遺産競売が注目される

皮肉なことに、坂本は死後もう一度注目をあびる。生前の業績が再評価されたのではなく、豪壮な邸宅と厖大な書画骨董の競売に関心が集まったのだ。

坂本が伊木三猿斎の下屋敷を、旧岡山藩主池田家から購入したのは明治38（１９０５）年。現在の岡山衛生会館（岡山市古京）から三光荘（同）の西あたり、旭川に突き出た広大な敷地（約1万４０００平方メートル）に、堂々たる長屋門、本宅、数寄を凝らした茶室と庭園があった。坂本は書画骨董の蒐集でも知られていた。

それらすべての遺産が死後翌年の大正13（１９２４）年10月17日競売入札された。それに先立つ15、16日の両日、競売に参加する古美術商らに下見のため開放され、大にぎわいだったという。岡山県立図書館には競売された庭園内の茶室、石灯籠、書画骨董の写真などを収めた「伊木三猿斎旧邸並故坂本金弥氏旧蔵品売立毛《も》くろく」があり、興味深い。

間口12間、奥行4間の豪壮な長屋門は、日産コンツェルン総帥鮎川義介が落札、東京・紀尾井町の邸宅へ移築され、のち世田谷区に移転、現在は同区指定文化財になっている。茶寮のひとつは近くの実業家が買い取り、また後楽園東の旭川沿いにある料亭も坂本邸の一部を移転したものである。

邸宅跡の敷地は、室戸台風（昭和9年）による岡山市浸水後、旭川改修工事が行われた際、国が買い上げて除去、今は旭川の流れの中で跡形もない。墓地は岡山市内にある。

（06年6月号）

＊参考文献　「新修倉敷市史　近代」（倉敷市史研究会編）、「中国銀行五十年史」（中国銀行五十年史編纂委員会編）、「倉敷紡績百年史」（倉敷紡績編）、「帯江鉱山とその周辺の地域社会　第1集、第2集」（池田陽浩著）、「倉敷雑記3」（森田平三郎著）、「山陽新聞百二十年史」（山陽新聞百二十年史編集委員会編）、「流れるおかやま百年」（山陽新聞社編）、「岡山県歴史人物事典」（同）、「岡山県大百科事典」（同）

児島湾開拓の功労者　藤田組社長　藤田伝三郎

毀誉褒貶著しい生涯の謎

●――明治実業界の風雲児

最初に断っておくが、藤田伝三郎（1841～1912）は岡山県人ではない。長州・萩の生まれ、厳密には「瀬戸内の経済人」にも該当しないが、岡山とのかかわりは極めて深い。

明治年間、伝三郎の手がけた児島湾干拓（当時は開墾と呼称）は、最終的には昭和38（1963）年までかかったが、新田約5000ヘクタールが造成され、岡山に全国屈指の大規模農場を出現させた。一方、地元住民は干拓反対運動に立ち上がり、また知事と県会の対立は10年にわたり、明治の岡山県政を揺るがす大問題に発展した。「政商」というレッテルをはられ、毀誉褒貶《きよほうへん》著しい明治の実業家藤田伝三郎の実像を、児島湾干拓を通じて考える。

伝三郎は天保12（1841）年、萩の造り酒屋に生まれた。伊藤博文もこの年誕生、伝三郎のすぐ近所には2年前、高杉晋作も生まれている。幕末の動乱期、伝三郎は奇兵隊に参加（不参加説もある）、高杉をはじめ、伊藤、井上馨、山県有朋ら長州出身者と親交を深めたといわれる。

維新後、多くの長州人が東京で官界に入る中で、伝三郎は木戸孝允の勧めで実業界を選び、大阪を本拠地にした。土地柄が合ったのか、以後、伝三郎の大阪での活躍は目を見張るばかりだ。

最初の仕事は明治2（1869）年、兵部省御用達として軍靴を納入。被服その他軍需品にも手を広げ、その後の佐賀、萩の乱や台湾出兵で巨額の利益を得、大阪で長州閥商人代表の地位を築く。大阪鎮台司令官ら長州人が要職にあったことも幸いした。同6（1873）年、大阪―京都間の鉄道工事では、労務者の供給、管理を引き受け、土木請負業にも進出した。

●―生涯の有力後援者井上馨

伝三郎は生涯、井上馨の強い庇護《ひご》を受けた政商といわれる。井上は維新後、新政府の要職を歴任、大蔵大輔（大蔵次官に相当）になったが、明治6（1873）年財政政策をめぐる意見の違いから下野し、三井物産の前身・先収会社を設立、山口など地方から米や産品を買い集め、売りさばいていた。

伝三郎は井上の再三の誘いに応じ、明治8（1875）年には、自己の業務のかたわら大阪先収会社頭取（社長）になり、同10（1877）年西南戦争の勃発で軍輜《しちょう》重御用達として再び巨利を稼いだ。

井上の政界復帰後は、その監督下に「藤田伝三郎商社」を

藤田伝三郎（山陽新聞社提供）

つくり、大阪での地歩を一層固めた。ところが明治12（1879）年9月15日、突然、ニセ札づくりの容疑で逮捕され、3カ月も取り調べを受けた。38歳の時である。

最終的には真犯人が分かり、無罪が確定するが、講談などで面白おかしく語られ、「このため政商藤田伝三郎のダーティなイメージが定着した」と砂川幸雄は「藤田伝三郎の雄渾なる生涯」（草思社）で述べている。

薩摩藩出身者が主流を占める警察首脳が、若くして大阪でトップクラスの富豪になった伝三郎を計略で落とし入れ、さらに、井上の失脚をねらったという見方もあるが、どこまでが真実か？

藤田は無罪確定後も、この件に関してはなぜかほとんど語らず、「毀誉は窓外の雨、褒貶は門外の風」と世間のうわさなど全く気にしなかった。

明治14（1881）年1月、個人経営の「藤田伝三郎商社」を組合組織の「藤田組」に改組、このころから堰を切ったように大阪周辺のあらゆる事業に手を染める。

大阪硫酸製造（日産化学）、大阪紡績（東洋紡）、阪堺鉄道（南海電鉄）の設立、琵琶湖疏水の開削、佐世保、呉の軍港建設、山陽鉄道神戸―下関間着工、日本土木（大成建設）、大阪毎日新聞（毎日新聞）、北浜銀行（三和銀行）、汽車製造（川崎重工）、宇治川電気（関西電力）の設立、経営にかかわる。その活動は多方面にわたり、驚異的でさえある。

明治18（1885）年には大阪商法会議所2代会頭に就任。また同17（1884）年政府から秋田・小坂鉱山の払い下げを受け、主力を鉱山業に集中、また児島湾干拓事業にもかかわっていく。

●——児島湾干拓に着手

児島湾干拓については、多くの著作があるので詳細は略す。明治初め、同干拓は士族授産事業として計画され、「伊木社」「微力社」など岡山藩旧士族の競願が相次いだ。しかし岡山県令高崎五六は、内務省雇い技師オランダ人A・R・ムルデルに作成させた湾内一括干拓にこだわったため、伊木社などは資金のめどが立たず脱落。紆余曲折の末、明治22（1889）年5月、藤田組に干拓権が与えられた。この時、井上の友人松方正義が介在した。

400万円を投じ、約5000ヘクタールを8区に分けて干拓する雄大な計画。井上の仲介で、旧藩主毛利家が全費用を出すことが決まった（「同和鉱業創業百年史」）。だが、県から正式告示と同時に、県会と知事（明治19年7月県令から名称変更）が対立、また漁業権、水利権などをめぐって地元関係者は猛反対運動をスタート、明治32（1899）年5月の1区起工式までの10年間、県政を揺るがす大問題に発展した。

伝三郎は出願が受理された明治20（1887）年児島湾を視察、関係者数十人を料亭に招待して、「地域発展のために、藤田組が膨大な資金を投じる」といった趣旨の挨拶をしているが、不思議なことに、これだけの大事業でありながら、岡山に足を運んだのはこの時だけ。以後起工式にも出ず、建設途上の現地視察もしていない。

当時、伝三郎は小坂鉱山の資金繰りに追われ、干拓事業は山陽鉄道から引き抜いた藤田組支配人本山彦一（のち大阪毎日新聞社長）にすべて任せた。本山は政府要人への政治工作、地元対策などに奔走、明治33（1900）年までに一切を解決したが、緻密な中央への政治工作を物語るメモを残している（「藤田伝三郎の雄渾なる生涯」）。

工事は底なし沼のような軟弱地盤に難渋しながらも、明治38（1905）年1区460ヘクタール、同45（1912）年2区1219ヘクタールが完成した。2区が完成した同年3月伝三郎は死去した。72歳。3、5区1250ヘクタールは昭和8（1933）年着工、同25（1950）年完成、6区（914ヘクタール）は昭和14（1939）年着工、同30（1955）年農林省直轄事業として、7区も同事業で同38（1963）年にそれぞれ完成、また同34（1959）年には水利権問題解決のための児島湾締切堤防も竣工、すべての工事を終了した（4、8区の計画は技術的理由で中止された）。

●—地元では神様扱い？　の伝三郎

伝三郎が明治32（1899）年着工した児島湾干拓は、太平洋戦争、戦後の農地改革、農林省による直轄事業への転換など時代の波にもまれ、わが国屈指の大規模農場は100年余の間に大きく変貌した。

伝三郎をたたえる顕彰碑＝岡山市藤田

特に昭和22（1947）年、広大な藤田農場は農地改革により小作者、農場労働者、職員ら関係者のほか、復員者、引揚者らに譲渡され、藤田組にちなんで誕生した藤田村も岡山市に編入された。

ほかの干拓地域も岡山、玉野市にそれぞれ編入され、両市のベッドタウンとして宅地化が急ピッチで進んでいる。だが、田園に足を踏み入れると、用水路、農道を中心に整然と区割りされた1ヘクタール平均の短冊形の水田に、伝三郎の当初の壮大な夢の片鱗が感じられる。

昭和26（1951）年3月、藤田村（当時）で自作農になった村民が中心になって、村役場（現岡山市藤田支所）敷地内に「藤田伝三郎翁頌徳碑」（縦3メートル、横1・5メートル）を建立した。歳月を経て判読しにくいところもあるが、要約すると次の通り。

「藤田翁は維新後、明治2年大阪に出て実業を志し、藤田組を興し、鉄道、築港、鉱山、開墾などで、大阪実業界の長老として名をはせた」

「児島湾の干拓では、明治32年5月の着工までは漁業、治水上の問題で猛烈な反対運動がおこったが説得して初志を貫徹。藤田開墾完成の基礎を確立した。不撓不屈の信念と言語に絶する努力で成功に導き、児島湾4000町歩の蒼海を美田に変じさせた功績ははかり知れない。翁の偉業に感謝する」

●―干拓着工まで10余年の紛糾

児島湾干拓は明治の県政を揺るがせた10年間の反対運動抜きには語れない。明治22（1889）年5月、「児島湾干拓を藤田伝三郎に許可」という知事千坂高雅の突然の発表は、岡山県会、岡山市会、地元漁民ら関係者の猛反発を招いた。

県会は審議なしの一方的な決定に「許可取り消し」を内務大臣に求めると、知事は議会閉会で対抗。地元関係者約3000人余は漁業権の消滅、治水対策など権利侵害と生活不安を挙げて知事に抗議して立ち上がった。

内務大臣命令で翌6月再開された県会は、「許可取り消し請願」提出を決定、11月に内務大臣に送付した。

岡山市会も取り消し請願を可決し、藤田組本社のある大阪でも在阪岡山県人が結集、反対演説会や干拓中止を申しいれるなど紛糾が続いた。同23（1890）年には知事を相手取り原告総数4488人の許可取り消しマンモス行政訴訟も起こされたが、翌年敗訴した。

知事が交代、新しく赴任した河野忠三は同29（1896）年混乱を避けるため、事実上の干拓中止を命令すると翌年には更迭され、井上馨と親しい知事高崎親章が着任、同31（1898）年9月1区、2区の起工を認可した。

だが、県会、地元関係者の反対運動は収まらず、再度、内務大臣への建議、知事の問責決議など採択、地元側も再びマンモス訴訟の準備を進めた。ところが同32（1899）年、藤田組は突然、児島郡荘内村（当時）沖の児島湾内に数隻の船を並べ、船上で起工式を強行した。藤田組からは本山ら数人が出席したが、伝三郎は欠席するという異例の式だった。

この後、貴族院議員野崎武吉郎、衆議院議員田辺為三郎が藤田組、地元関係者間の調停にはいり、同33（1900）年7月漁業補償など解決、ようやく反対運動は終息に向かった。

●——伝三郎の暗躍はあったか？

児島湾干拓については、「岡山県史」「岡山市史」をはじめ、干拓経過を詳細に述べた著作が多い。だが伝三郎に「政商」的暗躍があったかどうかについては、ほとんど触れられていない。

坂本忠次岡山大名誉教授編「地域史における自治と分権」（大学教育出版）の中の佐田昌弘元高校教諭（岡山県社会運動史研究会副会長）の論文「児島湾開墾許可をめぐる民権運動と政商藤田伝三郎」は、伝三郎の裏面工作を知る上で興味深い。

同氏は児島湾干拓を「明治20年代から30年代にかけて岡山県政を揺るがした大紛争」ととらえ、反対運動が高まる中で、伝三郎が井上馨や初代岡山市長花房瑞連の長男、義質《よしただ》（当時農商務省次官）にあてた書簡などから、伝三郎の裏工作を解明している。

それによると、伝三郎は井上の政界復帰後、大阪先収会社の責任者となったが、明治9（1876）年に作られた「藤田組規則」の内容から「伝三郎は井上の傀儡《かいらい》」と断定、給料から相談すべき相手まで指示されていることを理由にしている。

また「岡山市百年史・資料編」の明治22（1889）年9月井上宛の手紙を引用し、当時の首相黒田清隆、蔵相松方正義への働きかけや、反対運動切り崩しに8万円も使ったという事実を解明。また花房義質には北海道の土地無償譲渡を申し出、父の岡山市長への間接的懐柔を図った、と推測している。

●—巨額借金返済の謎

皮肉なことに、伝三郎が児島湾干拓許可を受けたころの藤田組は、本業の小坂鉱山の銀産出量が激減、財務状況が厳しく旧長州藩主毛利家から借金を重ねていた。さらに明治23（1890）年の株価暴落が追い討ちをかけ、井上の口利きで毛利家から3度にわたる資金借り入れで急場をしのぐほどで、借金総額は183万円と藤田組資本金（60万円）の3倍になり破産寸前。事実、毛利家は藤田組の整理と、伝三郎らの経営権剥奪を決定していた（「創業百年史」）。

だが知事高崎の児島湾着工命令で、前途に光明を見出したとされる。毛利家には「干拓は毛利家の指揮監督のもとに着手し、1500町歩を完成時譲渡する」という一札がはいっており、引き続き毛利家から融資を受けることができたからだ。着工命令については井上が内務大臣を通じて知事側へ働きかけ、また漁業権関係では野崎武吉郎への調停依頼が裏面であったとされる。

資金繰りにあえいでいた伝三郎は、この巨額の借金を明治36（1903）年一気に返済、以後毛利家の束縛を離れ、自己資金で1区、2区干拓工事を相次いで完成させる。伝三郎がどこからこの巨額の資金を入手したかについては諸説がある。最有力は知人の岩下清周が常務をし、自らも設立にもかかわった北浜銀行から借りたという説だが、今ひとつはっきりしない点もある。どこまでも謎の多い人物である。

藤田組の岡山とのもうひとつのかかわりは旧久米郡柵原町（現美咲町）の柵原鉱山。伝三郎死後3年の大正4（1915）年、硫酸需要の増大を見越して同山を買収した。戦後同和鉱業に社名変更、昭和37（1962）年には月産7万トン、東洋一の硫化鉄鉱の供給量を誇ってきたが、水島コンビナートなど石油化学工業副産物の回収硫黄に価格面で太刀打ちできなくなり、平成3（1991）年閉山に追い込まれたことは記憶に新しい。

（05年10月号）

＊参考文献　「岡山県史」（県史編纂委員会編）、「藤田伝三郎の雄渾なる生涯」（砂川幸雄著）、「創業百年史」（同和鉱業社史編纂委員会編）、「藤田農場経営史」（前田清一著）、「藤田の生い立ち」（藤田地区地域振興会編）、「地域史における自治と分権」（坂本忠次編著）、「岡山県の百年」（柴田一、太田健一著）、「岡山県歴史人物事典」（山陽新聞社編）、「岡山県大百科事典」（同）

倉敷紡績初代社長　大原孝四郎

超堅実経営で発展の礎築く

●―「倉敷の大原」といえば

「倉敷の大原」と聞いて、誰でもすぐに思い出すのが大原孫三郎（1880～1943）。倉敷紡績2代目社長、大原美術館の創設者、社会事業家としての多彩な業績。明治、大正、昭和を通じてその華々しい活躍は、多くの人々の脳裏に今なお鮮明だ。

孫三郎の長男、總一郎（1909～1968）も経済人、文化人として多方面にわたって活動した。クラレ社長としてビニロンプラント中国輸出という当時（1963年）としては大胆な決断。何よりも倉敷を愛し、文化都市倉敷の再生に全力を注いだ情熱。学者社長と呼ばれたその知性と教養は高く評価された。

それに比べ、孫三郎の父、總一郎の祖父、大原孝四郎（1833～1910）について語られることの少ないのが残念だ。地味な人柄がそうさせるのか。だが、その生涯をたどる時、〝超堅実〟とも思える経営理念をベースに、倉敷紡績設立、発展への努力、また今日の倉敷への先駆者的貢献などを忘れてはなるまい。

●──衰退著しかった倉敷村

大原孝四郎が初代社長（当時は頭取と呼称）を務めた「有限責任倉敷紡績所」が設立されたのは、明治21（１８８８）年3月9日。1年7カ月後の同22（１８８９）年10月、窪屋郡倉敷村城の内、倉敷代官所跡（現倉敷アイビースクエア所在地）約1万６７００平方メートルに、英プラット社製最新式のリング精紡機４４７２錘が据え付けられ、昼夜2交替24時間操業で生産を開始した。

機械は三井物産を通じて購入（この時物産幹部だった井原市出身馬越恭平がバックアップしたといわれる）。神戸から発動機付き帆船で児島港まで運び、小船に移し替え、倉敷川を上って搬入した。社員は男女３５０人（男１２０、女２３０）。

地域の人々の新工場に寄せる期待は、絶大なものがあった。というのも、明治維新後の倉敷村は戸数約１６００、人口６４００人余。倉敷川を利用した米と綿花の集散のほかに目だった産業もなく、１００年前の文化年間に比べ、人口は１０００人近くも減っていた。

備中、美作の一部など直轄地に、にらみを利かせていた倉敷代官所は、慶応2（１８６６）年、長州を脱走した第二奇兵隊による焼き討ちにあい（倉敷浅尾騒動）、その焼け跡の一角に明治元（１８６８）年設置された倉敷県庁も4年後廃止され、天領として栄えた面影はなかった。

明治政府は殖産興業を奨励、近代産業としての紡績工場を盛んに奨励したが、倉敷村はこれについても出遅れた。岡山県下では明治13（１８８０）年、旧岡山藩主から資金を借りてスタートした岡山紡績所（岡山市）に続いて、政府から設備の払い下げを受けた玉島紡績所（倉敷市玉島）、下村紡績所（同市児島）が操業開始、地域活性化の中心になっていた。

●──倉敷3傑が孝四郎を担ぐ

この現状を憂慮した倉敷の3青年、小松原慶太郎（24）大橋沢三郎（26）木村利太郎（26）（のち倉敷3傑と呼ばれた）が紡績工場建設に立ち上がった話は有名だ。詳細は略すが、小松原が明治19（1886）年12月、郡役場、警察署開設を祝う親睦会で、有力者160人を前に熱弁を振るい、紡績業による町おこしを訴えた。

3人は地元選出の県会議員林醇平ら有力者の協力も得て、地域一番の大地主、大原孝四郎に社長就任を要請した。大原家は綿取引をしており、孝四郎も紡績業については知識があったので、即座に就任を快諾した。54歳の時である。

大原孝四郎

孝四郎は天保4（1833）年岡山城下丸亀町（現野田屋町）に生まれ、安政5（1858）年大原家の養嗣子となった。家督を継いだ明治15（1882）年ごろは、松方内閣のデフレ政策で士族、農民とも貧窮にあえぎ、土地を手放す者が続出していた。孝四郎は綿仲買、米売買などで蓄積した大原家資産を活用、明治10（1877）年頃の所有田畑104町を300町にふやし、近郷近在で一番の大地主になっていた。

東大社会科学研究所編「倉敷紡績の資本蓄積と大原家の土地所有」によると、大原家は明治22（1889）年には岡山県下で2番目の多額納税者（210円50銭）、地租額では5585円で1位になっている。

●―石橋を叩いて渡る

明治21（1888）年3月「有限責任倉敷紡績所」の創立総会が倉敷村の誓願寺（現倉敷市阿知2丁目）で開かれた。席上、孝四郎は突然、定款変更を持ち出す。「資本金20万円、紡績設備1万錘の原案だが、株式引き受け状況から、資本金10万円、5000錘で始業しよう」と提案した。

孝四郎が社長就任を内諾してからは、近郷の多くの資産家が株式引き受けに応じたとはいえ、8万8500円（885株）の申し込みだった。残りをすべて孝四郎が引き受けるとすれば、出資額は11万円を超す巨額になる。米1石（150キログラム）が4円50銭の時代である。10万円は米2万石以上、富豪の孝四郎も二の足を踏んだのだ。

賛成多数で修正提案は受け入れられたが、1年後には、運転資金充当のため5万円増資、さらに同25（1892）年には7万5000円の増資で新資本金を22万5000円にしているだけに、〝慎重居士〟といわれる孝四郎がその片鱗を早くも見せた感じだ。

「有限責任の会社とはいえ、出資者には迷惑をかけられない」「先祖伝来の資産を減らしてはならない」。万事慎重な孝四郎らしい手順の踏み方である。

操業開始2年後の明治24（1891）年4月には、孝四郎は資金調達パイプとして倉敷銀行（倉敷市本町、現中国銀行倉敷本町出張所所在地）を設立、自ら頭取に就任した。これにより為替決済の利便性が向上したばかりでなく、倉敷紡績の大原家への過度の融資依存も避けられた。このあたりにも慎重な性格がうかがわれる。同行は大正８（１９１９）年近郷の５行と合併、第一合同銀行となり、さらに中国銀行へと発展する。

●――公益思想はどこで培われたか？

創業時の孝四郎の行動と心理を分析すると、創業者社長にありがちの〝一発屋〟的な発想が全くないという点で特異だ。

県下で１、２位を争う富豪であったが、孝四郎は小松原ら３人の「村のためになる事業だから」の説得に、「村のために、世間のためになるなら」と社長を引き受けているのだ。孝四郎のこの「公益思想」は、青年時代に学んだ犬飼松窓（１８１６〜１８９３）の三余塾にさかのぼる、と山陽学園大の太田健一教授（「岡山県の百年」）。

三余塾は安政３（１８５６）年、松窓が41歳の時、都宇郡山地村（現倉敷市山地）に開いた私塾。有終館（山田方谷）、興譲館（阪谷朗盧）とともに備中の３塾と呼ばれ、塾生は日中は野良仕事、夜と雨天の日は四書などを学んだ。松窓がその中で特に強調したのは、「学んだことは渾身を傾注して世を利し、人を益することに貢献せねばならぬ」という行学一致の実践的な学問。通算３５０人以上が在籍し、犬養毅、坂本金弥らも門下生。

孝四郎や、創立総会で議長を務めた林醇平も、ここで学んだ経験があり、紡績会社設立を提案した倉敷３傑のうち、小松原、木村も塾生であった。「三余塾の実践思想が郷土の未来を案じる孝四郎ら有力者に与えた影響は大」と太田教授は指摘する。

●―「謙受」の社訓と「同心戮力《りくりょく》」の社是

さらに孝四郎は、養父壮平が傾倒していた儒学者森田節斎（1811〜1868）の「謙受」の思想を、自分自身の精神的支柱としたばかりでなく、倉敷紡績の社訓にもするなど儒学の影響が大きいことも見逃せない。

節斎は大和・五條の生まれ。備中にもたびたび来ていたが、晩年、倉敷村の井上家に簡塾を開き、子弟教育に力をいれた。壮平もこの時、節斎に学び、書経の一節「満招損　謙受益」を大原家の家訓としていた。「満足しておごり高ぶる者は、損なわれ、謙虚に努力する者は、利益を受ける」という意味。

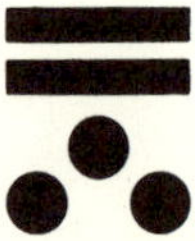

孝四郎はこれを新会社の社訓にした。この「謙受」をシンボライズしたのが、二・三のマークと称される倉敷紡績の社章である＝上図。二本棒、三つ団子とも呼ばれる。人間というものは、一番になると、慢心して心が緩みがちだ。「一番の時でも常に謙虚に、二番、三番の気持ちで、真の一番に迫るよう絶えず努力を続けよ」と戒める。

孝四郎は温厚な性格で、部下一人ひとりの意見にもよく耳を傾け、社員が力を十二分に発揮できるよう苦心した。終業後も、幹部、社員をしょっちゅう自宅に招いて懇談、社内融和と団結に努めた。

孝四郎は「同心戮力」という言葉も好んだ。儒学に精通していた孝四郎は、中国の春秋左氏伝の中にある「戮力　同心」を座右の銘としていたが、これを少しひねって社是とした。

猟犬は山に入るまでは、互いに争いながら主人に同行するが、いったん山に入ると、力を合わせて獲物を追っかける。社員一人ひとりの立場は違っても、与えられた仕事には力を合わせて、心をひとつにしてがんばろうという意味である。

●―操短と合併の中で順調に発展

紡績業の歴史は操短と合併、廃業の歴史でもある。政府の殖産興業策もあって、紡績業の発展は目覚ましく、明治20（1887）年からわずか2年間に、全国の19工場は33工場に増え、8万6428錘は26万7264錘と3倍以上に増加した。岡山県でも明治13（1880）年設立の岡山紡績所を皮切りに、玉島紡、下村紡、倉敷紡、笠岡紡、味野紡、備前紡など11社が操業を開始した。

しかし同23（1890）年には全国的に早くも生産過剰が表面化。原綿、機械の支払いができず、倒産に追いこまれる業者が出始め、業界として初めての操短が実施された。

倉敷紡（明治26年社名を倉敷紡績株式会社に変更）はその後、恐慌に伴う数回の操短を乗り越え順調に発展、同27（1894）年には1万錘工場に、さらに同41（1908）年までに4回の増資、5回の紡績設備増強で、念願の〝3万錘工場〟（正確には2万9584錘）となった。このころ岡山県下の同業者の中には、廃業または吸収合併に追い込まれるものが出始めたが、倉敷紡績は安泰だった。孝四郎の温厚、慎重な人柄と、堅実な経営手法に負うところ大といわれる。

●―孝四郎の引退と孫三郎の登場

孝四郎は明治39（1906）年8月15日、倉敷紡績社長を退任した。念願の3万錘工場への目途が立ったことに加え、寄宿舎内で発生した腸チフスの対応をめぐって責任を取ったといわれる。後事は、5年前の明治34（1901）年入社し、各分野で父を助けていた26歳の長男孫三郎に託された。

明治39（1906）年6月、女子社員寄宿舎内で発生した腸チフス患者9人は、1カ月間に77人に増大、うち7人が死亡する大事件になった。加えて従来の労働慣行の不利益変更、さらに会社は前年、高配当をしたにもかかわらず、賃金アップをしなかった、物価騰貴で生活が苦しくなった——などの要因が重なり、社内にはこれまでにない不満の鬱積がみられた。

同社では明治25（1892）年1月にも、社員が同盟会をつくって賃上げ要求をし、会社側がこれに応じて解決した前例があるが、今回は非常に不穏な雰囲気だった。事実、孝四郎退任直後の8月27日、寄宿舎の女子社員300人がストライキを決行した。中心的人物数人の退職と賃上げで一応解決したが、今後の労働諸問題の解決は、若い孫三郎の大胆な改善策に待たねばならなかった。

孫三郎は寄宿舎の抜本的改正、企業内に尋常小学校設置、炊事を担当する飯場制度の廃止など「労働理想主義」を標榜、矢つぎ早に刷新策を打ち出して当面の問題を解決。以後明治、大正年間、新工場の増設、買収など積極策を推進、26万錘を有する倉敷紡績の黄金時代を築いたことはよく知られる。孝四郎は退任4年後の明治43（1910）年7月、77歳で死去した。

クラボウ（正式社名はいまだに倉敷紡績）の2005年3月期連結決算は、年間売上高1543億円、対前年比5％増の伸び、経常利益57億円、純利益26億円。繊維部門のウエートは約60％で、最近は化成品や、不動産、エンジニアリング、エレクトロニクスなど非繊維部門を拡充強化する動きが活発だ。

本社も昭和19（1944）年大阪に移ったが、国内11工場のうち、岡山県には岡山、早島、香川県に丸亀、観音寺の繊維関係4工場があり、かつての縁を瀬戸内に残す。また倉敷国際ホテル、倉敷アイビースクエア、倉敷繊維加工、クラボウドライビングスクールなどは、県民になじみの関連企業だ。

（05年8月号）

＊参考文献　「倉敷紡績百年史」（倉敷紡績編）、「新修倉敷市史　近代」（倉敷市史研究会編）、「紡績」（ダイヤモンド社編）、「岡山県の百年」（柴田一、太田健一著）、「おかやま人物風土記」（岡山県広報協会編）、「会社四季報」（東洋経済新報社編）、「せとうち産業風土記」（山陽新聞社編）、「岡山県歴史人物事典」（同）、「岡山県大百科事典」（同）

Ⅱ 大正編

内山工業創業者　内山新太郎、2代社長勇三

コルク栓からハイテク企業への布石

●――飛躍の原点岡山第一工場

岡山市江並、内山工業（内山幸三社長）第一工場を訪れた。旭川河口沿いの敷地（約2万3000平方メートル）に並ぶ黒ずんだ工場棟が昭和8（1933）年以来の長い歴史を物語る。ここでは現在、コルク栓、コルク床材、コルクラバーなど同社の伝統的な商品が生産されている。

内山工業は自動車エンジンのガスケット、ベアリングシールのトップメーカー、特にガスケットは国内自動車メーカーすべてに納入する技術力を誇る。グループ全体で工場は国内19、海外6、営業所22（国内19、海外3）、研究所1を持ち、売上高は2005年9月実績で約800億円（本体324億円）、その発展の原点はここ第一工場にさかのぼる。

個人営業の色彩が強かった「内山コルク工業所」は昭和8（1933）年、内山勇三（1904〜1990、現社長幸三の父）が上道郡三蟠村（現岡山市江並）に新工場（現第一工場、敷地面積約5500平方メートル）を建設、炭化コルク板の生産を開始したことが今日の飛躍のスタートとなった。弱冠28歳。創業者で、

十数年間ともに仕事をしてきた父新太郎（1872～1931）の死後2年の果断な決断である。

内山工業100余年の歴史は創業者新太郎が種を撒き、長男勇三（2代社長）が大きく育て、現社長幸三がハイテク企業に変身脱皮させた。

●――コルクという不思議な物体

コルクという軽くて液体を通さない樹皮は、古代人にも不思議な存在だった。紀元前400年頃ギリシャ人はすでにそのすぐれた性質を見抜き、水泳の補助具、栓、保温用の建築材として利用した記録がある。

中世には建築材として床、壁、天井ばかりでなく屋根にも利用され、また断熱材としても重宝がられた。

瓶栓として本格的に利用されるのは15世紀頃。ガラス瓶の発明に伴い急速に普及、17世紀には家内制手工業で生産されるまでになった。

創業者　内山新太郎

日本では幕末、横浜などの居留地に持ち込まれた洋酒コルク栓を木栓代わりに再利用したところ、その密封性の完璧さに驚き、薬品、飲料水などの瓶栓として急速に普及するようになった。岡山ゆかりの岸田吟香（1833～1905）が目薬の瓶栓に利用したことは有名。

ネックは材料のコルクの確保。欧州では18世紀頃からコルク樫《かし》を栽培、その樹皮をコルク材料として利用するようになっていた。

日本人も西日本の山に自生するアベマキの樹皮がコルク樫樹皮とほぼ同じ構造と気づき、明治初めから広島、岡山、兵庫などの中国山地でアベマキ樹皮を瓶栓に加工する業者が続出し始めた。その中に「内山コロップ製造処」（内山工業の前身）創業者内山新太郎がいた（コロップはオランダ語のＰＲＯＰがなまったもので、コルク栓の意味）。

●――アベマキを求めて中国山地を転々

新太郎は明治5（１８７２）年、兵庫県佐用郡の庄屋の4男として生まれた。姫路の紙問屋で修業した後、24歳の時故郷に帰り、兄のコルク栓つくりを手伝ったが、明治31（１８９８）年6月、生まれ故郷に内山コロップ製造処を設立した。これが１００年後、ハイテク企業内山工業に成長する最初の一粒の種となる。

新太郎は同業者との競合を避け、また良質のアベマキを求めて、岡山県北から広島県北にかけて数多くの加工場をつくり、ひんぱんに移動生産した。「当時は交通が全く不便、材料を効率よく集荷、加工、出荷することは、収益性の最大ポイント。祖父は常に作業効率を考えて移動していたふしがある」と現社長幸三は推測する。

この頃のコルク栓つくりは、アベマキが群生する山林を入札して樹皮を剥ぎとる権利を獲得、近くの加工場で樹皮をくり抜く原始的な作業だった。一方ガラス瓶の普及は急速に進み、コルク栓の需要は生産が追いつかないほど多忙を極めた。新太郎の加工場はさらに広範囲に拡大、効率的な集荷、出荷の必要性は一層高まった。

新太郎はここで当時としては革新的な決断をする。集荷基地兼加工場として、岡山市桜町（現中央町）にアベマキを集め、動力（水車）による加工を始めた。明治41（1908）年6月、36歳の時である。
大阪の得意先から製品の一手買い取りの申し込みも受け、工場制家内工業への転換は幸先よいスタートを切った。「岡山進出が今日の礎となったことは事実。その後多くの同業者が廃業する中で、当社はコルク栓つくりからさらにコルク加工業へスムーズに発展することができた」と現社長幸三。

●―コルク粒生産を開始

新太郎は岡山市にアベマキを集め、合理的生産を進める一方では、現地加工場にも顧客の注文に応じてサイズを的確に指示、分別出荷も可能になった。これまでのように剥ぎとった樹皮の厚さに合わせて、現地で瓶栓を見込み生産する方法は一掃された。明治24（1891）年開通の山陽鉄道に続いて、津山、吉備、宇野の各線も相次いで開通、岡山の拠点性は一段と高まり、「内山コロップ製造処」の名前は次第に業界に知れ渡った。

大正3（1914）年5月開催の「長崎開港350年記念全国特産品博覧会」に出品したアベマキ樹皮と瓶栓は品質の良さが注目され、同業者から原料調達の依頼がふえ、また瓶栓の注文も飛躍的に増大した。

良質のアベマキを求めての加工場の移転は相変わらず行われていたが、岡山の工場も水車の動力源となる水流を求めて転々、そのたびに規模を拡大した。

大正7（1918）年には「内山商店」に改称、岡山市門田（現徳吉町）でコルク粒生産を本格的に手がけるまでになった。10馬力の製粒機3機、付属機4機を使って職人6人がコルク粒を生産、翌8（1919）年には勇三が岡山市商卒業と同時に入社し、病弱な父を支援する強力な助っ人になった。

●―販売不振でピンチに

勇三は当初、父に代わり中国山地でアベマキ購入に奔走した。汽車に自転車を積み込み、最寄り駅から山間各地を巡回する日々。大正11（1922）年秋過労で倒れ、半年も岡大病院に入院するほど働きまくった。

だが、大正9（1920）年3月の株価暴落に始まる第1次大戦後の日本経済の不況は深刻化、同社も極端な販売不振に陥った。この頃から昭和の初めまでは、100余年の歴史でもっとも苦しい時期。同業老舗の破綻、合併をはじめ、最大得意先が火事に見舞われるという出来事もあった。

コルクの用途は瓶栓だけでなく、貯氷用のコルク粒、床張り用、冷蔵庫用コルク板など取扱商品は多様化したため、大正13（1924）年には社名を「内山コルク商店」に変更、〝コルクの内山〟のイメージを強く前面に押し出す方策もとった。だが期待のコルク粒は不況もあって極端な販売不振に陥り、大正15（1926）年コルク粒年間生産高は、過去最低（33・7トン）にまで落ち込んだ。

勇三はコルク粒のサンプルを主要商工会議所に発送、製氷業者、漁具商、造船所などの紹介を依頼、当時としては珍しいダイレクトメールも試みている。どん底での懸命なセールス活動は、景気回復とともに効果を発揮、昭和2、3（1927、28）年ごろから製氷業界を中心にコルク粒出荷が増大し始めた。

●—新太郎死去、勇三が代表者に

昭和５（１９３０）年には、国産初の圧搾コルクを応用した紡績用圧搾コルクローラーを東洋紡績㈱と共同で開発、同社の特許第1号になった。この紡績用コルクローラーの開発で「内山コルク工業所」（昭和２年改称）の名前は業界に一層知られ、同社には同業他社、取引先の見学客がひっきりなしに訪れるようになった。その中には、見学に事寄せて産業スパイもどきの客も多く、同社もずいぶん神経を使ったらしい。見学客が夜中、工場に忍び込んで薬品を調べたり、写真をとったりしていた話も残る。

〝コルクの内山〟の名前が業界に定着し始めた昭和６（１９３１）年9月、創業者内山新太郎が死去（享年59）、長男勇三がすべてを引き継いだ。この頃門田工場ではコルク栓、コルク粒のほか、圧搾コルク板を加工したコルクジスク、ガスケットの生産もスタートしていた。

２代社長　内山勇三

すべての責任が若い勇三の肩にのしかかってきたが、勇三は既述のようにまず昭和８（１９３３）年上道郡三蟠村に炭化コルク板工場（現第一工場）を建設、7年後には隣接地に圧搾コルク板工場建設に踏み切った。まさに乾坤《けんこん》一擲《いってき》の大勝負だった。

鉄道省（昭和13年）、陸海軍、航空兵器各省（同15年）の指定工場として認可され、戦前、戦中を通じて同社の一大拠点工場となり、コルク板トップメーカーの地位を不動のものにしていく。水車動力の門田工場はまもなくこの新鋭工場に統合された。

●—炭化コルク板で飛躍

今でこそ第一工場一帯は岡南工業地帯となり、河口を挟んで大小さまざまの工場が立地するが、当時、旭川東側には工場は皆無で同社が進出第一号。近くの中国合同電気（現中国電力）三蟠火力発電所も運転を開始していなかった。海岸沿いには防風林をかねた緑濃い松が並び、海面には沖のりが養殖され、干潟はチンダイ貝の宝庫、堤防には四つ手網が並ぶのどかな田園地帯だった。

勇三がなぜ炭化コルク板工場としてここを選んだのか？「三蟠港に着目、阪神方面への海上輸送、海外からのコルク材輸入の利便性を考慮した」（幸三社長）と見られる。

炭化コルク板はすでに19世紀末、イギリス人によって発明されていた。コルク粒を詰め込んだブリキ製の筒を誤って燃焼室の中に落としたところ、翌日褐色に固まっていたことがきっかけという。研究の結果コルクを加熱すると、一部の樹脂が溶けて接着材の役目をすることが分かった。

勇三は新工場にトンネル窯をつくり、型枠に詰めたコルクを一枚ずつ焼き上げた。原理は簡単だが、当初は品質管理にずいぶん苦労した。「トンネルにトラブルが起こりうまく焼成できないと、パンツひとつで熱いトンネルに入り、率先して点検する姿がしばしば見られた」と伝わる。

内山の炭化コルク板の優秀さは次第に定着、増産体制に移り、販売網も全国ばかりでなく、中国、東南アジアなど海外にまで拡大した。住宅建材部門の主力商品となる建材、断熱材の基盤はこの時確立されたのである。

●—圧搾コルク板開発にも成功

勇三は商業学校に学んだが、生来科学好き、技術好きだった。コルク粒を加工した圧搾コルク板の開発も独学で研究していた。当時、圧搾コルク板はイギリス製のものは品質が良かったが、国産は耐油性が悪く、需要が見込めるガスケット、パッキング材としては、使い物にならなかった。

また、コルク製品づくりの際に出る削りくずの二次利用も急務だった。勇三は削りくずを接着材で結合させ、耐油性のある良質のガスケット、パッキング材をつくるという〝一石二鳥〟を狙った。

昭和4（1929）年9月頃から社外には旅行中ということにして研究に没頭、ついに1尺角の圧搾コルク板開発に国産品としては初めて成功した（2尺×3尺のコルク板はあった）。

勇三の開発した新製品は耐油性にも優れ、画期的な製品として注目を集め、応援してくれた三菱電機㈱の全量購入も決まり、昭和5（1930）年4月、門田工場で圧搾コルク板の生産に乗り出した。これがヒット商品となり、炭化コルク板工場に続いて、同12（1937）年炭化コルク板工場隣接地に圧搾コルク板工場の建設にも踏み切ったのだ。

内山工業第一工場正門を入った左側、お稲荷さんの脇に防錆塗

内山工業第一工場正門の脇に立つボイラーは〝お宝〟的な存在

料を塗ったシルバー色の小さなボイラー（高さ約2メートル）が台座の上に置かれている。一見して会社にとって由緒あるものと分かるが、よほど注意しないと気がつかない。

当時、勇三が圧搾コルク開発のために購入したボイラーで、たき口は研究のため一部改良されている。太平洋戦争中、金属資材として供出したが、数カ月後、岡山市内の古物機械商に払い下げられ、店頭に陳列されていたのを勇三が見つけ、買い戻したという。同社にとってはまさに〝お宝〟的存在の貴重な記念品だ。

●―戦後はハイテク企業として成長

太平洋戦争中の厳しい統制経済を経て、工場が被災しなかったこともあって戦後の生産再開は早かった。炭化コルク板は冷凍、冷蔵倉庫、捕鯨船などの断熱材需要が急増、新たな発展が始まる。

内山コルク工業所を決定的に変貌させたのは、昭和25（1950）年わが国で初めて開発に成功したコルクラバーである。コルクと合成ゴムの特性を合わせ持ち、ガスケット、パッキング材として自動車、電力、電機メーカーに急速に普及した。

さらに新素材の合成樹脂製品・発泡ポリスチレンを活用、住宅建材分野へも本格的進出。以後、「コルクの内山」は自動車産業の成長に合わせシール、断熱材のトップメーカーとして急激に成長していく。その原動力となったのは、勇三のたゆまぬ研究心であり、強力なリーダーシップであった。

昭和31（1956）年「内山コルク工業所」は「株式会社内山コルク工業所」に組織変更（資本金450万円）勇三は社長に就任した。同35（1960）年、第一工場隣接の旧岡山市営競馬場跡地約6万1500平方メートルに合成ゴム成型工場（現第二工場）を建設、さらに茅ケ崎、東大阪などに続き、県内各地に

〝一製品一工場〟に特化した分工場がつくられた。社名からコルクの文字が消え「内山工業」となったのは昭和37（1962）年10月である。

勇三は戦後、炭化コルク板生産をトンネル窯に代えて、加熱した蒸気を吹き付けるスチーム・ベイキング法を開発、品質安定と効率生産に先駆的役割を果たしたが、発泡ポリスチレンの普及などで昭和46（1971）年には生産を打ち切った。

ピーク時（昭和31年）売上高の54・6％を占めていた炭化コルク板はこの時4・6％にまで落ち込んでいた。また、コルク栓つくりからスタートした同社だが、現在はコルク関連の売り上げは本体の年間売上高324億円のわずか5％に過ぎない。

（06年3月号）

＊参考文献　「ウチヤマ100年史」（ウチヤマ100年史編集委員編）、「日本コルク工業史」（東京コルク工業協同組合編）、「三蟠村史」（三蟠村史編纂委員会編）、「岡山県歴史人物事典」（山陽新聞社編）、「企業と人　21世紀創造」（同）

第一生命保険相互創立者　矢野恒太

一言居士にして直情径行、反骨の生涯

●――意味不明の「直言清行」

木枯らしが身にしむ冬の一日、岡山市竹原の「岡山県立青少年農林文化センター三徳園」を訪れた。市街から旧国道2号を東へ約15キロ、18・1ヘクタール（郷土樹木園、芝生広場など9ヘクタール、山林9・1ヘクタール）の広大な敷地は、第一生命保険創立者矢野恒太（1865～1951）が昭和14（1939）年に寄付したものだ。

ほんの2カ月前、家族づれが鮮やかな紅葉に嘆声をあげた楷《かい》の並木道に人影はなく、裸になった樹木が寒々と冬空に突っ立っていた。学問の木として知られる楷は、備前市の閑谷学校ばかりがマスコミに登場するが、ここは十数本の楷並木のほか、園内にも数多くの楷があり隠れた紅葉の名所。

春には桜の園も美しい。10種類以上のサクラが咲き乱れ、特に黄緑色の桜花で知られる御衣黄、ウコン桜を目当てに訪れる人も多い。園内芝生広場は四季を通じて家族づれでにぎわう。

今回訪れたのは、園内の一角にある矢野恒太の顕彰碑文を再確認するためだ。碑は恒太没後2年余の昭和

郵便はがき

料金受取人払

岡山中央局
承認
9436

差出有効期間
平成20年9月
30日まで

700-8790

（受取人）
岡山市丸の内2丁目11—22

吉備人出版 行

氏名		性別	男 女	年齢	歳
住所	郵便番号（ ） 電話 都道府県				
電子メールアドレス					
職業					
勤務先または学校名		購入書店名			

愛読者カード　　　　　　　　　　　　　　　　ご講読　　年　　月　　日

書名

■本書についてのご感想

■今後どんな本の出版をお望みですか

購読申込書 ■ このハガキでご注文下されば、弊社刊行物が早く確実にご入手いただけます。

書　　　名	定　　価	部数

http://www.kibito.co.jp/　　E-mail:books@ kibito.co.jp

■このハガキは当社出版物の企画の参考にさせていただくと共に、新刊等のご案内に利用させていただきます。

●新刊情報の案内を希望されない場合は、マル印をご記入ください。・希望しない(　　)

29（1954）年4月、顕彰会が設立した。撰文は岡山県医学校（岡山大医学部の前身）後輩で、県知事（当時）の三木行治、書は、当時の県書道界第一人者の大原桂南。

巨石数個が小山のように組み合わされた顕彰碑は奇抜な形。ひときわ大きい正面の石に「矢野恒太翁顕彰碑」の文字板がはめこまれ、その脇にほぼ正方形の小さな碑板が立つ。

碑文は300字足らず、風化されかなり読みにくい。「矢野恒太翁蒼梧と号す」に始まり、簡潔にその生涯をたどる。

だが、「翁名利に恬淡《てんたん》、直言清行、数理に長じ文筆に達し、名著多し」の一節「直言清行」は、除幕式当日から恒太をよく知る人は首をかしげた、との風評が残る。この4文字をもう一度確かめたかったのだ。

「直言清行」とは確かに意味不明の日本語。「直情径行」なら恒太にぴったり、と解説した人もいたというが、まさにその通りと思う。恒太の生涯は直情径行、反骨の筋金入りだ。特に上司、官僚らと対峙する時、その反骨ぶりには定評があった。

一方では「岡山県医学校時代、15歳で芸者と遊んだ」と友人に吹聴してはばからなかった。「芸者論」の著書もある。聖人君子、品行方正ではなかったようだ。恒太もあの世で「清行」の2文字に苦笑しているのではないか。

さらに付言するなら、研究熱心で記憶力抜群、何事にも一家言持つ

巨石を組み合わせた矢野恒太顕彰碑。右が碑板＝岡山市竹原

その博識からすれば、「直言清行」を「一言居士にして直情径行、博覧強記で反骨精神旺盛」と置き換えれば、もっともふさわしいと思う。

●―博識の話し好き、講演好き

恒太の博覧強記、一言居士ぶりを裏づける逸話は多数ある。特に博識から来る話し好きは、すでに大正年間には半ば恐怖心を伴って、友人、知己の間に知れ渡っていた。

岡山から東京に帰るために乗る山陽線2等車（現在のグリーン車）内で知人を見つけると、東京駅までしゃべり続けるのが常だった。のちには、恒太につかまった友人は、神戸か大阪で「用事がある」と途中下車したほど。取材が仕事の新聞記者でさえ、車中同席を敬遠したといわれる。

「第一生命社史余禄」は、大正7（1918）年9月北海道視察中、道中央の旭川駅で午前7時に乗車した恒太は、友人を見つけて午後4時函館に着くまで話し続けたため、友人は3日間寝込んだという、うそのような本当の話を紹介している。結婚式披露宴のスピーチが長すぎて花嫁が卒倒した話もある。

これだけの話し好きだから講演も大好きだった。

大正4（1915）年2月台湾に出張した時は、2週間で8件も講演している。1件を除いてすべて現地で依頼を受けたが、嫌がることなくさまざまなテーマで話し、いずれも示唆に富む内容で大好評だった。その博識、一言居士振りが役立ったのであろう。

岡山県医学校時代、衛生についての講演会当日、講師が突然急用でこられなくなったことがある。学生の恒太が急遽登板、見事な代役ぶりに大喝采を浴びた。これも恒太の博識と話し上手を裏づける。

●―自由奔放の医学校時代

恒太は慶応元（１８６５）年12月、上道郡角山《つのやま》村竹原（現岡山市竹原）で生まれた。生家は代々医家。地元の小学校を卒業すると、当然のように明治11（１８７８）年10月、岡山県病院附属医学教場（岡山大医学部の前身）に入学した。50銭玉一つ持って芸者と遊んだのはこの時だ。

同13（１８８０）年3月、親にも学校にも無断で上京、東京大医学部を目指して東大予備門に入学したが、学資を止められ帰郷。同16（１８８３）年1月、岡山県医学校（医学教場が改称）に再入学した。

東京生活は3年足らず。東京帰りのハイカラを強調したかったのか、帰郷後は袴《はかま》をはかず、長羽織に雪駄《せった》を鳴らしながら登校するひときわ目立つスタイル。岡山市内の舶来雑貨店で、しゃれた身の回り品を真っ先に買うのも恒太だった。芸者へのプレゼント用との伝説がある。

矢野恒太（山陽新聞社提供）

授業でも恒太らしい逸話を残す。数学の成績はいつも抜群。下調べをしている様子もないのに、どんな難問もすらすらと解答、ついに教師は恒太にあてなくなった。

ドイツ語の教師とは相性が悪かった。訳文にネチネチとけちをつけられ、馬鹿扱いされた。発奮して十分な予習をし、逆に教師に意地悪な質問を連発、教壇で立ち往生させるようになった。

早口でノートのとりにくい教師もいたが、恒太は筆記がうまく、模範プリントを配布して人気抜群だった。医学校は同21（1888）年、岡山第三高等中学校医学部に改組。恒太は3年に編入され、翌年24歳で卒業した。同年設立された「岡山医学会」会員第1号でもある。

●—生保業界とのかかわり

卒業後、恩師で大阪府医学校長兼府立病院長の清野勇を訪ねた。清野は前年大阪に設立された日本生命保険の顧問医をしており、恒太はその縁で明治23（1890）年診査医として入社した。診査のかたわら生命保険制度そのものの研究に没頭、勧誘にも同行して、たちまち社内では右に出るものはないほど存在感を示す。

しかし世話好きで何事にも一家言持つ性格が今度は災いした。社医代表として待遇改善を会社に要求、副社長片岡直温にあっさり解雇された。入社3年足らずの時である。

片岡はのち代議士となり、第一次若槻内閣蔵相の時、国会で「渡辺銀行が先ほど破産」と失言、昭和恐慌の端緒をつくったことで知られる。

恒太は黙って引っ込まなかった。新聞「日本」に、「日本生命社医を辞めた。諸君に告知する」との広告を出し、「自分で生命保険会社をつくり、片岡を見返してやる」と決意した。

失職中ながら恒太は、日本生命時代の体験をもとに生命保険についての論文を相次いで発表した。また図書館に通って外国の文献を渉猟、相互保険主義を説くワグナーの保険論に共鳴、ドイツ・ゴータに相互保険会社があることも知り、「非射利主義生命保険会社の設立を望む」のパンフをつくり、関係者に配布した。

これが安田財閥の安田善次郎の目に留まり、将来、相互保険会社設立を条件に、同27（1894）年4月安田の「共済生命保険合資会社」に支配役で入社した。しかし、ここでも利益優先主義の方針と合わず、同31（1898）年退社する。34歳の時である。

●——第一生命保険の創業へ

恒太は共済生命時代の明治28（1895）年、ドイツに留学、ゴータ相互保険で2年間実務を学んだ。帰国後同社を退社したため研究成果を生かせずにいたところ、農商務省旧友の計らいで同省嘱託となり、さらに初代保険課長として保険業法の起草に参画、相互保険会社設立に向けての体制を整えた。

同34（1901）年農商務省を退き、翌年わが国初の相互保険会社第一生命保険を創立、専務に就任したが、実質的には恒太が最高責任者だった。「契約者は保険契約の当事者となると同時に、社員となって会社の運営にも当たる」という斬新な発想。

契約者の保護に重点をおき、契約者の選択は厳しく、契約金の支払い基準は寛大にした。保険料は高めだったが、余剰金が出ると返戻金として戻し、最終的には他社よりも有利になる料金を設定。5年目からは払い込み保険料の3％を配当として戻し、生保業界の経営方針に大きな影響を与えた。

社長在任中の昭和13（1938）年10月、皇居のお濠端、日比谷に新築した「第一生命館」（地下4階、地上8階）にも恒太は細かく指示した。特に①契約書類などを絶対安全に保管する②職員の保健衛生に配慮する——の2点は厳命だった。

①は関東大震災時、重要書類を一部焼失したことへの反省で、経営者なら当然の考え、これが要塞のような地下4階建てになった。

面白いのは②の理由である。各部屋の採光、空気循環への配慮ばかりでなく、トイレは広く清潔でくつろげる場所に設計された。床は大理石が敷き詰められ、ダンスが踊れるほど広いという(「第一生命100年の歩み」)。

戦後の昭和20(1945)年9月15日、連合国軍総司令部(GHQ)はこのビルを接収、マッカーサーは6階社長室から約7年にわたり占領行政の指令を次々に出した。この部屋は今もそのまま保存されている。

恒太は大正4(1915)年まで専務、昭和13(1938)年まで社長、同21(1946)年まで会長を務めた。44年間にわたって陣頭指揮をとり続け、同社を日本屈指の生保会社に育て上げた。

この間大正初め、簡易保険の創設をめぐって、逓信省為替貯金局長下村宏(終戦時の情報局総裁)と対立、経済誌上での烈しい理論闘争はいかにも恒太らしい。

浜口内閣が昭和5(1930)年に断行した金輸出解禁にも、反対の論陣を張り続けた。

●――著述活動も驚異的

明治、大正、昭和を通じて、恒太ほど多彩な著述活動をした経営者は少ない。論文、著作は60編にもなり、その中には「ポケット論語」のようなロングセラーや、ユニークな「芸者論」がある。

「ポケット論語」は明治40(1907)年12月刊。定価50銭。欄外に読み方と簡単な注釈があるだけで、出版元も大して期待していなかった。ところが初版5000部を1カ月で売り切った。まとめ買いする人も多く、数十版まで重ねた。簡便さが受けたのだ。

同45(1912)年6月、48歳の時に出版した「芸者論」もよく売れた。題名からすると、花柳界の艶話《つや》と錯覚しそうだが、芸者に名前を借りた文明論であり、日本の指導者層に対する痛烈な警告でもある。8章、381ページの力作。

恒太は酒をあまり飲まなかったが、宴席は好きだった。そこで芸者としきりに世間話をする中で、世情を取材した。作家の小島直記は「ワケ知りヂイさんが、シーンと澄んだ眼で現象の奥にあるものを見つめた本」と評し、さらに「よほどの遊びの体験がないかぎり、こういう情理兼ねつくした名文章は書けない」と断定している（「近代史上の岡山県人」）。

しかし刺激的な書名であったため、他社の中傷にさらされ、第一生命は1万部で絶版にしてしまった。

ドイツ留学中に学んだ計算表にヒントを得て「日歩計算表」「複利表」「四位一位乗除表」を相次いで出版、同37（1904）年11月初版の「金利精覧」はいまだに改訂を重ねながら売れている。

「簡易利息法」を書いたのは昭和25（1950）年86歳の時で、死去の前年である。神経痛で不自由になった手に、ペンを挟み込むようにして書き続けたという。同2（1927）年刊行の統計解説書「日本国勢図会」は、矢野恒太記念会の手で毎年出版されている。

恒太は同26（1951）年9月死去。東京・池上の本門寺に墓地があるが、その墓が変わっている。生前自分で設計したもので、大きな半円球を伏せた形、文字は全くない。墓石にまで虚勢をはる世間の風潮に反発したといわれ、反骨の恒太らしい墓である。

●──三徳塾を創立、のち県に寄贈

大正11（1922）年12月、恒太は東大農学部在学中の長男一郎をつれて欧米視察に出発。保険業務視察

のほか、一郎が農政経済を専攻していたため農業国デンマークに立ち寄った。帰国後一郎は「北欧でんまーく物語」を出版、大きな反響を呼んだ。

当時、日本には同国の実情はあまり知られておらず、「危機にひんしていたデンマーク農業は、国民教育の徹底と共同事業の推進で立ち直った。デンマークを見習え」という趣旨だったが、同書を読んだ郷里の関係者が恒太に、「デンマークのような農業専門の学校をつくって欲しい」と頼み込んだ。

恩返しを考えていた恒太は快諾。大正15（1926）年3月、郷里に農村青年訓練所を設立。さらに規模拡大を望む地元の要望に対応、上道郡角山村竹原の恒太生家のすぐ近くに、山林、水田などを購入、校舎も寄付。昭和8（1933）年3月、財団法人「三徳教育会」を設立、自ら三徳塾経営にかかわった。塾名は亡父の法名「三徳院」にちなんだ。正式に開校したのは同9（1934）年4月である。

修業年限1年、定員20人で、師弟が寝食をともにする寄宿舎生活。授業料なし、塾生は食費として毎月白米1斗（約15キログラム）を納入するだけ。

その後青年学校令施行、修業年限の延長などさまざまな変革があり、また戦時色の強化に伴い、三徳塾の経営は恒太の理想とは程遠くなってきた。

県の干渉も目立ってきたため、嫌気がさした恒太はついに同14（1939）年3月、「三徳教育会」を解散、土地約21ヘクタール、建物22棟はじめ、有価証券から実習用の家畜まですべてを県に寄付した。総額約10万5000円、現在価格で数億円といわれる。「岡山県よりも文部省の行政方針に反発した」という見方もある。

昭和19（1944）年、県北の勝田郡植月村（現勝田郡勝央町植月中）に計画された開墾訓練用の山林約57ヘクタールの購入資金も出した。現在の岡山県林業試験場である。

三徳塾は戦後も農村青年の育成機関としての役割を果たしていたが、同43（1968）年4月、岡山県立農業大学校の新設に伴い、現在の「岡山県立青少年農林文化センター三徳園」に改称され、農山村の遺産保存やサクラの展示園などの農業公園に変貌した。事務室を兼ねる農業展示館は明治35（1902）年建設の県立高松農業高校本館を移築したものである。

また、恒太の死後設立された財団法人矢野恒太記念会は、岡山県の優秀な農村青年を顕彰するため「矢野賞」をつくり、これまでに174人に贈っている。

（07年2月号）

＊参考文献　「矢野恒太伝」（財団法人矢野恒太記念会編）、「第一生命100年の歩み」（第一生命保険編）、「第一生命社史余禄」（同）、「近代史上の岡山県人」（山陽放送編）、「岡山大学医学部百年史」（岡山大学医学部百年史編纂委員会編）、「岡山県歴史人物事典」（山陽新聞社編）

天満屋3代社長　伊原木藻平

西大寺から岡山へ　天満屋繁栄の基礎を築く

●――異色ずくめ　地方百貨店の雄

㈱天満屋（本社岡山市表町2丁目、伊原木隆太社長、資本金34億8000万円）は地方百貨店では群を抜く存在。岡山店を中心に倉敷、津山、福山、三原、広島、高松、米子など中四国主要都市に11店舗を展開、売上高1523億円（2003年度）は断然トップ。高島屋、三越など都市百貨店を含めても13位にランクされ、京王、阪神など都市百貨店の売上高を上回る。

天満屋関連企業は天満屋ストア（年商782億円）など29社。天満屋グループとしての総売上高は、293億円（2003年度）、年間3000億円に迫るマンモス企業だ。政令都市でない地方都市でこれだけ売り上げる流通企業は皆無だ。この礎は3代社長伊原木藻平（1866〜1945）が築いた。

天満屋ストアは、平成元（1989）年大証2部、同12（2000）年東証2部上場したが、本体の天満屋は、いまだに上場拒否をかたくなに守り続ける。この点もユニーク。

天満屋の異色さはまだある。文政12（1829）年、伊原木茂平衛が備前国上道郡西大寺村字新堀（現岡山市西大寺）に小間物店を開業以来、伊原木藻平（2代）—伊原木藻平（3代）—伊原木伍朗—伊原木一衛—伊原木隆太と伊原木家（養嗣子を含む）が代々、代表者または社長を務め、今日まで１８０年近い歴史を誇る。

百貨店業界では幕末創業の老舗は珍しくないが、今なお創業者一族が経営の中枢にかかわっているのはほんの数社。天満屋はそれ自体が驚異的な異色の存在といえる。

●—最大の危機は岡山空襲直後

１８０年近い歴史の間には、経営危機は何回もあった。その最大は岡山空襲直後、3代伊原木藻平の晩年だった。

伊原木藻平

昭和20（１９４５）年6月29日未明の岡山空襲は、2時間あまりで岡山市街の66％を焼け野が原にした。死者１７３７人（当時の岡山市人口16万４０００人）。

岡山市中心部は一面焼け野が原。その中に天満屋、中国銀行本店、市公会堂、岡山駅など鉄筋コンクリートの建物が焼けただれた無残な姿をさらしていた。

岡山市中心部にあった天満屋では、もちろんすべての商品は灰に。消火にかけつけた社員12人が殉職した。各階の天井や壁は崩れ落ち、溶けて流れたガラスや灰がうず高く積もっていた。惨禍を目の当たりにした社員は、ただ呆然と立ち尽くすか、言葉もなくその場にへたり込んでしまい、みんな涙が止まらなかったという。

天満屋の将来はどうなるのか？　こんな状態で再建できるのか？　不安は全社員に重くのしかかった。社長藻平をはじめ経営者の苦悩はもっと大きく、まさに絶望のどん底。不屈の精神で危機を何回も乗り切った藻平だが、今度だけは弱気だった。

●――感動を呼ぶ親子のきずな

「自分は20万円の資本金を220万円にするために全生涯をかけた。だがこの戦災による店舗、商品の損害額は600万円にもなる。とても再建はむずかしい」

藻平の言葉は消え入るように弱々しかったという。6月29日の空襲直後から連日のように開かれた天満屋の役員会。会議をする場所もなく、社長邸近く、岡山市国富の安住院で開かれた。そしてついに7月初め、藻平が社長としての最終決断を伝えたのだった。重苦しい沈黙が続く。

突然、隣席の伊原木伍朗専務（藻平の養嗣子）が立ち上がった。「天満屋は断じて解散すべきではない。戦争がどうなろうとも、人間の生活があるかぎり、われわれの仕事は続けなければならない。今必要なことは正確な判断と気迫である。社長！　頑張りましょう」

さらに一息ついて「社員の中には3カ月でも半年でも給料はいらない。天満屋の再建に役立ちたいというものも多い」と強く主張、決断変更を迫った。

流れは変わった。伍朗は戦時中らしく「戦わんかな、時いたる」と全社員を激励、焼け跡に直ちに復興本部を設けて陣頭指揮、最大の危機を乗り切った。

絶体絶命下での企業の社会的責任、経営方針をめぐる首脳の見解の相違、その中で老父をやさしく激励する後継者の気遣いと凛とした決断。感動を呼ぶ情景である。

伍朗36歳、藻平は79歳だった。藻平は終戦の混乱が残る中、再建進む天満屋の状況に安心したのか、この年12月波乱の生涯を閉じる。まだ廃墟状態ながら、思い出多い天満屋２階を急遽片付けて、社葬が執り行われた。

伊原木一衛代表取締役会長（５代社長）はこの時６歳、「優しい祖父だった。初孫の男児ということで特にかわいがってもらった」と振り返る。

●―敬服に値する慧眼

３代伊原木藻平を「天満屋中興の祖」という。６代続く経営者、社長の３代目。明治、大正、戦前戦中の昭和と48年間にわたる多難の時期に、経営の任にあたり、今日の天満屋の基礎を築いた。

藻平は明治30（１８９７）年、家業の呉服店経営を先代より引き継いで以来、西大寺から岡山への進出、呉服店を百貨店へと成長させ、現岡山店所在地に西日本最大の店舗をつくった功労者だ。企業家としての優れた識見と果敢な進取の精神をそこに見る。

だが、藻平の人を見る目の確かさも忘れてはなるまい。私見だが、藻平の大きな功績のひとつは、電鉄会社の一社員だった伍朗を養嗣子にし、後継者にしたことであると思う。

伊原木家は創業者茂兵衛のあと２代目、３代目、４代目と養嗣子が続く。２代藻平は茂兵衛の甥、３代藻平も2代藻平の甥といずれも当主に近い親戚だが、4代伍朗は長野県飯田市の出身。伊原木家とは全く血縁関係はなかった。

伍朗は明治42（1909）年生まれ、旧制松本高校から東北帝大法文学部に進学、在学中に高等文官試験行政、司法両方に合格した秀才だったが、尊敬する小林一三の阪神急行電鉄（現阪急電鉄）に入社した。阪急が西宮球場を建設する際に上司に同行、その敷地の大半を所有する藻平と折衝するうちに、藻平がその人柄を見込んで、昭和12（1937）年4月養嗣子として迎えた。

関西電力社長、京阪神急行電鉄（現阪急電鉄）社長などを務めた関西財界の大物・故太田垣士郎が、「門閥も係累もない一介の青年を見込んで、後継者に据えた藻平の慧眼に驚嘆した」というエピソードが残る。

伍朗は天満屋入社と同時に専務に就任、前述のように最大の危機を陣頭指揮で克服。また昭和23（1948）年には岡山商工会議所会頭に就任、同35年急逝するまで12年間にわたって、岡山経済界のリーダーであったことはよく知られる。享年51、伍朗の活躍は同時に藻平の眼力のすばらしさを裏付けるものである。

●―家業から企業への決断

藻平が伊原木呉服店を継いだのは明治29（1896）年。店舗は発祥の地・西大寺にあったが、山陽鉄道の開通（明治24年）とともに、沿線から遠く離れた西大寺は、商業機能の衰退が急速に進んでいた時だった。

美作地方から高瀬船で吉井川を下って運ばれた米などの物資は、上流の和気で鉄道に積み替え、また東は愛知、西は九州から毎日40～50艘も入港していた船もほとんど止まってしまった。翌年には吉井川が大洪水、顧客の多い邑久、赤磐、上道地方が大きな被害を受けた。

２代藻平は状況の悪化で呉服店継続を断念、金融業に専念を決意した。３代藻平はこの時、地元の西大寺紡績社長をしていたが、養父に「紡績はほかの人に任せ、自分があとを継ぎたい」と申し出た。31歳だった。家業を引き継ぐや、藻平の商才は遺憾なく発揮される。卸７、小売３の呉服商いを小売一本にしぼるとともに、個人経営から「合名会社伊原木呉服店」の法人組織にした。資本金１０００円、社員20人、五間間口の小さな店舗だったが、当時同業者で合名会社組織は、三越の前身・越後屋呉服店だけ。さらに越後屋同様「一厘もまけなし」「正札販売」の看板をかかげた。

伊原木家西大寺本邸の衣裳蔵は、地元の資料館として活用されている

「小さな呉服店が越後屋の真似をするとは……」と同業者はあざ笑ったというが、時がたつにつれ「品質がよく、値段は安い」「子供も大人も同じ値段で買える」と評判が評判を呼び大繁盛。藻平の先見性と決断力のよさが光る逸話だ。

この頃、藻平がいつも相談相手にしていたのが同店の大倉勘三郎。藻平と同年、社長、大番頭の間柄ではあったが、刎頸《ふんけい》の交わりだったという。パリ在住40年の大倉道昌画伯（80）は孫。「祖父と一緒に伊原木邸をよく訪れたが、気さくな人だった。旧制一中に入学した時、豪華な万年筆をプレゼントされた」と懐かしむ。たまたま岡山で個展開催中の画伯に会ったが、今では藻平の思い出を語れる人も少ない。

藻平はその後「天満屋呉服店」への改称、店舗の拡張など積極策も進める一方、大正元（１９１２）年10月、岡山市中之町に間口6間の支店を開設した。西大寺同様、呉服では珍しい「正札販売」「薄利多売」をかかげた。巷間の説では、同年開通の岡山・森下―西大寺を結ぶ軽便鉄道の完成を機に、岡山進出したというが、説得力に欠ける。藻平はその慧眼と情報収集で、いずれ斜陽化の西大寺を見限る日が到来することを予知、今で言う〝実験店舗〟〝アンテナショップ〟を開き、百貨店開設の準備を始めたと見るべきであろう。

●―念願の百貨店を岡山・下之町に開店

大正7（1918）年、資本金20万円の天満屋株式会社を設立し、社長に就任。傍系の雑貨店、小間物店などを統合、中之町店を絹専門店にし、新たに下之町に綿布太物、洋反専門の分店を開店するなど百貨店へ着々と体制を整える。

同13（1924）年には本社を岡山市下之町に移し、本格的な新店舗の建設に着手、翌14（1925）年3月に完成した。

新店舗は10間四方、洋風木造3階建てで、店内は先見性に優れた藻平のアイディアが満ち溢れていた。まずコンクリートの床に陳列ケースを並べ、社員は立ったままの対面販売。今なら当たり前のこの販売方法も、座売りしか知らない当時は、お客の度肝を抜いた。

初の試みとして高等女学校卒の女子社員8人を採用した。しかも美人ばかり。レジ係などに配置し、大評判になったという。

珍しさもあって岡山初の百貨店は上々の滑り出し、1日4～5回、表戸を閉め、入場制限をするにぎわいが続いた。建築技師はそのたびに「床が抜け落ちないか」と見回りを怠らなかったという。社員は男女合わせ１２１人になっていた。

２年後の昭和２（１９２７）年3月、隣に新設した西館には岡山初のエレベーターも導入された。地方都市では山形屋、丸井今井、だるまやしかなかった。

●──洪水、失火の災難を克服

「好事魔多し」。順風満帆に見えた百貨店経営だが、この後立て続けに洪水、火事そして太平洋戦争と厳しい試練が藻平に襲いかかる。

昭和９（１９３４）年9月の室戸台風は、岡山県にも甚大な被害をもたらした。旭川堤防が決壊、岡山市では濁流が最大2メートルにも達し、市街地の大半を水没させた。天満屋では１階売り場がほぼ水没、被害は甚大だった。

翌々年の昭和11（１９３６）年3月11日早朝、セルロイド製品売り場から出火、たちまち全館に燃え広がった。南に隣接して新店舗を建設中で、鉄筋は5階まで組んでおり、コンクリートも4階まで打ち込んでいたさなかの出火だった。火勢は衰えず、陸軍１個中隊が出動、やっと鎮火したが、３００万円の大損害。幸い類焼は避けられ、けが人もなかった。

藻平は屈しなかった。先頭に立って復旧作業にあたり、5月には約１０００平方メートルの仮店舗を焼け跡にオープンするとともに、隣接地の新館完成を急がせた。

神戸以西では最大級といわれた新館が完成したのは、同年の8月31日。地下1階、地上6階、売り場面積１万３０００平方メートル、総工費１２０万円、冷暖房も完備していた。当時の岡山市の人口は12万人、

「都市規模に比べ大きすぎる」とやっかみ半分に業界すずめは語りあったという。

だが1年後から藻平の慧眼が生きる。昭和12（1937）年、百貨店の営業を許可制とする「百貨店法」が施行された。同法により店舗の新設はいうまでもなく、支店、出張所の新設、既存店舗の拡張、移転さえ許可が必要になった。

その後、戦時色が濃くなり、統制経済が進む中で、大型店舗が開店した岡山市には都市百貨店の進出余地がなく、戦後もこの傾向は続いた。この間に天満屋は外商、店売り両面にわたって地元密着の販売体制をつくりあげた。

戦後、60万都市となった岡山市に都市百貨店で本格的に進出したのは、新幹線岡山乗り入れ時の高島屋だけ。倉敷市に昭和55（1980）年進出した名門三越もピーク時（平成7年）の売り上げ138億円をほぼ半減させ、平成17（2005）年で25年の歴史を閉じた。三越撤退には大型ショッピングセンターの開店などいろいろの理由があるが、天満屋の牙城の堅牢さも一因である。

（05年6月号）

＊参考文献　「天満屋百五十年史」（天満屋社史編纂委員会編）、「岡山県の百年」（柴田一、太田健一著）、「百貨店調査年鑑」（ストアーズ社編）、「会社四季報」（東洋経済新報社編）、「岡山県歴史人物事典」（山陽新聞社編）、「せとうち産業風土記」（同）

西大寺鉄道創業者　松田与三郎

〝けえべん〟（軽便）に賭けた生涯

●—軽便への根強い郷愁

麦畑の中を
お前はこまかく身体をゆすりながら
突然あらわれて来たよ
その姿がなつかしいので
いつも財田駅のホームの
花壇のつきる突端まで
出ていっては待ちうけていた
〈略〉
よい時代のあの煙突よ
あのかえらぬ汽関車の髪——

女性詩人第一人者として評価の高い永瀬清子（1906〜1995）の「西大寺軽便鉄道」の詩である（全文は省略）。昭和37（1962）年9月廃業した西大寺鉄道、愛称〝けえべん〟への愛情を情感豊かに詠い上げ、機関車を「汽関車」、黒煙を「汽関車の髪」と表現するあたりに、永瀬のこだわりと思い入れの大きさがうかがえる。

永瀬が生まれ故郷の旧熊山町松木（現赤磐市）に帰ったのは、昭和20（1945）年11月。伯母、妹を訪ねるのに財田駅から〝けえべん〟を利用した。

一方、同鉄道は同24（1949）年6月には、すべての蒸気機関車をスクラップで売却したが、戦後しばらくの間、ガソリンカー（昭和6年7月導入）に代わり蒸気機関車が復活していた。永瀬はこのわずかの期間に見た、黒煙を吐く「汽関車」に詩情を揺さぶられたものと思われる。

永瀬だけでなく、〝けえべん〟には今なお多くの関係者がノスタルジーを感じている。同鉄道後楽園駅跡に立つ夢二郷土美術館（岡山市浜）はこれまでに3回（平成14、15、17年）〝けえべん〟回顧展を開いた。そのたびに県内外から多くの鉄道ファンが訪れ、主催者も驚く盛況ぶりだった。

●―西大寺鉄道開業に情熱を燃やす

西大寺鉄道は明治44（1911）年12月29日、観音駅（のち西大寺町駅に改名）―長岡駅（のち財田駅）間5・5キロメートルが開業、山陽線西大寺駅（のち東岡山駅）への乗り継ぎが可能になった。翌年1月には森下駅まで延長（4・6㎞）、さらに大正4（1915）年9月には後楽園駅まで再延長（1・3㎞）し、全長11・5キロメートル、本州唯一の3フィートゲージ（914㎜）軽便鉄道がお目見えした。当時3フィート幅は、同社のほか熊本・菊池軌道など数社だけだった。

機関車5輌はドイツのアーサー・コッペル社製（30馬力2輌、20馬力3輌）で、長い逆梯形の煙突は、火の粉の拡散防止のためにさらに円筒が継ぎ足しされ、まさにとっくり型。ほかに客車（50人乗り）10両、貨物車など。

この機関車に牽《けん》引された〝けえべん〟が黒煙を吐きながら備前平野を疾走した、と言えば格好いいが、観音―長岡5・5キロメートルを走るのに24分かかり、自転車並みのスピードだった。

それでも同区間を1日36回も往復し、当時としては異例の頻発運転。「便利さこの上なし」と次第に利用者は増加した。特に2月の西大寺観音院会陽時は超満員、寒風の中、屋根にまで乗車した多くの写真が現存する。

松田与三郎（1871～1951）はこの西大寺鉄道に情熱を燃やした。明治24（1891）年3月、山陽鉄道が三石、瀬戸を通るようになってからは、吉井川を上下する人も荷物も、和気で乗り（積み）換え、河口の港町西大寺の衰退は著しかった。

このため与三郎は西大寺町長山口誠孝らと軽便鉄道を敷設、西大寺起死回生の主役にしようと立ち上がった。この時（明治40年）与三郎36歳、西大寺町の戸数949戸、人口4006人だった。

●―苦労の多かった鉄道会社設立

与三郎は明治4（1871）年12月、上道郡西大寺村（当時）の西大寺観音院近くで生まれた。学業を終えると、家業（石炭商）に励んだ。生来、勤勉努力型で律義な人柄、豪商の多い西大寺で次第に頭角を現し、同地に本社を置く多くの会社の設立にかかわっていく。

25歳の時の西大寺紡績設立（明治29年）に始まり、山陽板紙（同40年）東備製糸（同43年）西大寺電灯（同44年）西大寺製紙（大正6年）などを設立、役員として経営に参画した。

だが、与三郎が最も熱心に取り組んだのは明治43（1910）年設立の西大寺軌道（のち西大寺鉄道に改称）だった。資本金25万円、5000株のうち1700株を川崎造船所（神戸）、1000株を機関車、貨車販売の岸本商店（大阪）が引き受けるなど県外が7割、残り3割を与三郎ら地元有力者が引き受けたが、その苦労は大変だったと伝わる。

というのも、山陽鉄道は当初、西大寺経由の南ルート案を打診した。だが地元は「港が寂れる」「ばい煙による火事が心配」と強硬に反対。さらに有力者は「紡績会社へ出資する方が得策」と起債5万円を断った経緯があり、資本金集めは難航した。発起人総数71人という数字が苦労を物語る。

創立総会は明治43（1910）年7月31日、西大寺観音院で開催され、社長は川崎造船所から送り込まれたが、与三郎は株主として取締役に就任した。40歳の時である。

両備バス（岡山市錦町）ではこの日を創立記念日とし、岡山市円山の曹源寺に

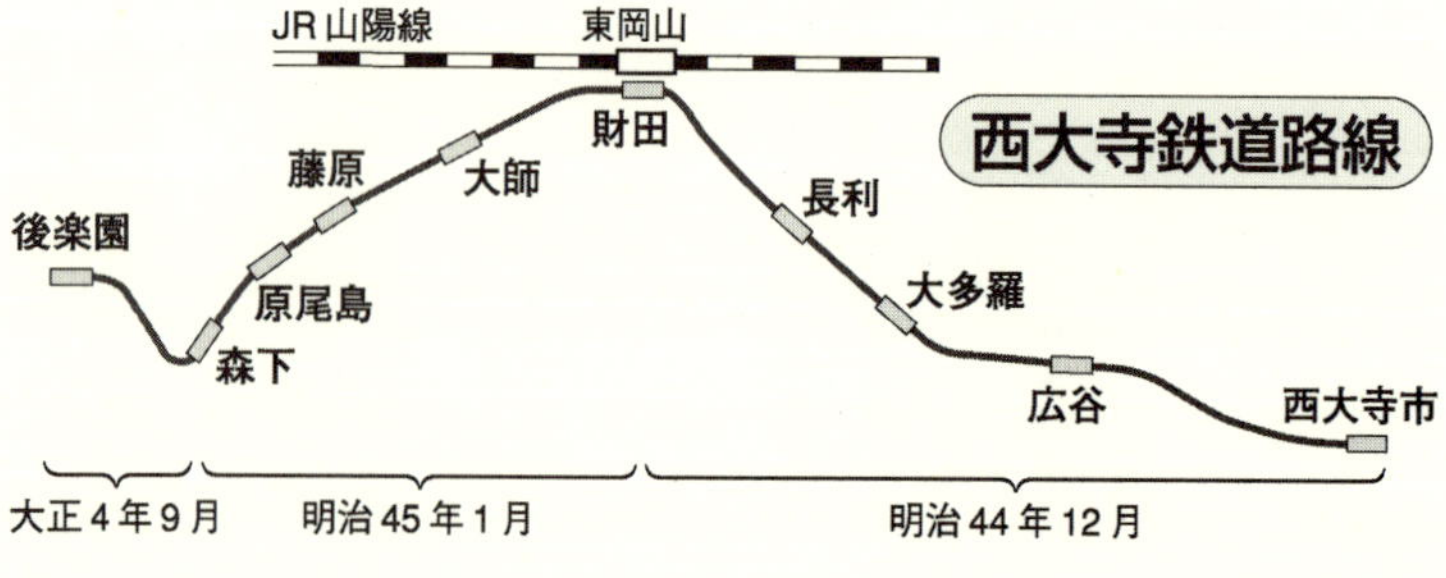

社長以下グループ首脳が全員集合、記念式典とともに、物故者の追悼法要も行う。今年で96回を数える。

営業開始はしたものの、当初乗客は少なく、株価は2円にまで下がった。もちろん無配。〝頼まれ発起人〟らは嫌気がさし、買い取り要求が続出した。やむなく与三郎が引き取っているうちに、気がついたら大株主になっていた。

与三郎は5年後の大正4（1915）年に社長代理、同8（1919）年4月、社長に就任した。この頃から経営は軌道に乗り始め、与三郎は以後16年社長を務めた。1割2分配当を堅持、「乗客が1人も乗らない年が数年続いても大丈夫」といわれるほど、余剰金はすべて社内留保する堅実経営を続けた。

●―与三郎の残した鉄道遺産

国鉄赤穂線伊部―東岡山間が昭和37（1962）年9月1日開通したのに伴い、西大寺鉄道は1週間後の同月7日廃業した。明治44（1911）年12月開業以来、52年間備前平野を走り続けた〝けえべん〟はこの日をもってその勇姿？　を消した。7日は通常ダイヤで終日無料運行、翌8日も廃止記念列車が1往復運行され、別れを惜しむ鉄道ファン、沿線関係者らで大賑わいだった。

それから44年、同鉄道の形ある遺産はほとんど見当たらない。かつての軌道は道路に変わり、西大寺町（市）駅跡はバスターミナルに、終点の後楽園駅跡には夢二郷土美術館が立つ。

詩人永瀬の詩情を揺さぶった蒸気機関車は、前述のように同24（1949）年すべてスクラップとして売却された。ガソリンカー（定員20人）もディーゼル化、今は1936年製の「キハ7号内燃動車」（神戸・川崎車輌製作）が両備バス西大寺営業所（岡山市西大寺上）前に展示され、産業考古学会2004年度の

「推薦産業遺産」（日本で最後の3フィート軌道機関車）として余生を送っている。前後にそれぞれ荷台を持つえび茶色の車体は保存状態もよく、時折訪れるファンからため息がもれる。

岡山市の池田動物園内にも客車と貨車が1台ずつあるが、かなり傷んでいる。同営業所で今も使用されている大金庫も与三郎時代からのものだ。

●――バス時代を予見した慧眼《けいがん》

与三郎の偉大さは、バスによる交通革命の到来をいち早く予見したその慧眼にある。孫で両備バス代表取締役会長の松田堯は「軽便鉄道全盛時代にその将来性をいち早く見限り、岡山バス、両備バスを設立した先見性はただ敬服あるのみ」と語る。

大正15（1926）年4月には、牛窓自動車など邑久郡内のバス3社を合併、邑久自動車を発足させ社長に就任。昭和2（1927）年2月に岡山市街乗合自動車（資本金1万円）を設立、森下駅（現両備バス車庫）を拠点に定員5人のフォード社製バスで念願の岡山市内運行を始めた。森下―中納言―城下―岡山駅と後楽園―岡山駅の2ルートだ。

世間が驚いたのは同10（1935）年10月の岡山バスの設立である。この頃はライバルの岡山電気軌道系列の岡山タクシー、旭乗合自動車と、西大寺鉄道傘下の岡山乗合自動車（岡山市街乗合自動車の後身）は、岡山市内で熾烈な乗客争奪戦をしていたが、その3社が合併、岡山バスとなったのだ。過当競争にピリオドを打つ妙手だ。与三郎の長男で西大寺鉄道専務の壮三郎が、与三郎の意を受けて根回しに奔走した結果である。

岡山電気軌道は明治43（１９１０）年設立。同45（１９１２）年市内電車の内山下線開通に続き、大正10（１９２１）年番町線、同12（１９２３）年には内山下線を東山まで延長した。昭和４（１９２９）年には同市内でバス部門にも進出し、岡山市街乗合自動車と乗客を奪い合っていた。

与三郎は昭和10（１９３５）年11月会長に退いたが、西大寺鉄道は同11（１９３６）年５月、下津井電鉄と共同出資で両備バス（資本金50万円）を設立、宇野―児島間にバスを走らせ、岡山県南部の路線網の拡充にも乗り出した。本社を児島町味野（現倉敷市）におき、保有バス31台。社長には下電の永山久吉が就任したが、副社長には壮三郎を送り込んだ。

与三郎は同26（１９５１）年７月26日、81歳で死去した。〝けえべん〟廃業11年前だったが、その行く末はすでに熟知、バス経営にも全力を傾注した後半生だった。その遺志は長男壮三郎と孫の基、堯に引き継がれ、モータリゼーションの波に乗りながら、今日の両備グループの基盤づくりがなされていく。

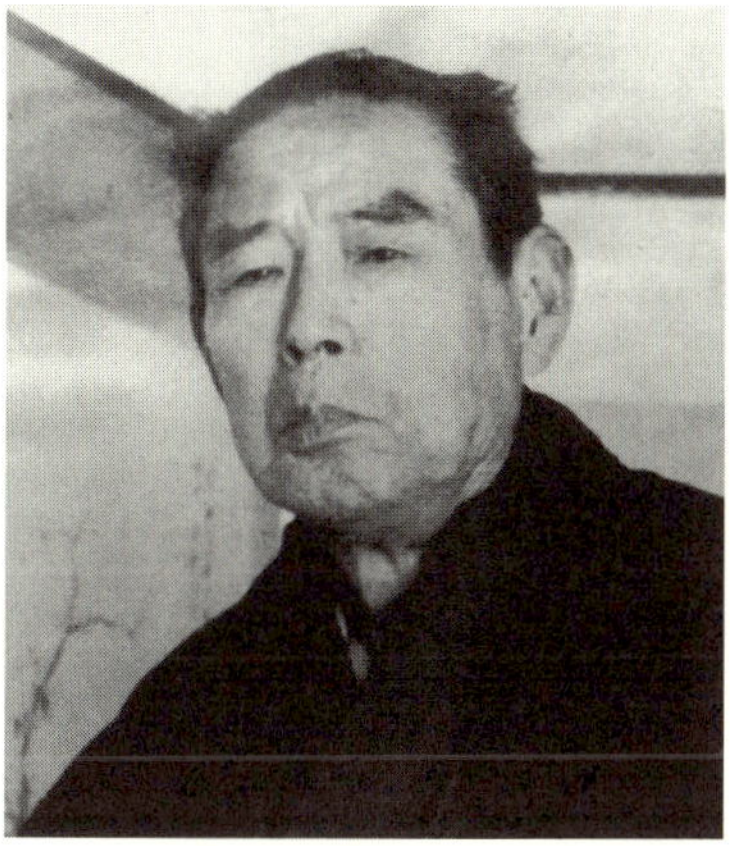

松田与三郎

戦後の同27（１９５２）年２月、両備バスは下津井電鉄資本を分離、西大寺鉄道の系列に入った後、同29（１９５４）年７月岡山バスと合併、さらに翌年10月、西大寺鉄道、両備バス両社が合併して新生「両備バス」（資本金４０００万円）が誕生、今日に至っている。

●―質素、勤倹の人柄は社風に

与三郎は社長在任16年間に会社発展の礎を築いただけでなく、

その人柄はいまだに社風として残り、両備グループ44社に生きる。

第一は勤倹力行の精神。郷土史家岡長平は「与三郎は質素倹約に徹し、虚飾を排し、ぜいたくはせず、身を持すること厳」とその人柄を評し、あだ名は「シブ旦」、「渋い旧家の旦那」の意味と解説する（「西大寺鉄道五十二年の歩み」）。

それを今も象徴するのが、岡山市錦町の木造2階建ての本社。昭和28（1953）年以来、岡山市内一等地に立地して半世紀を経過するが、改築の話は一向に聞かない。「本社業務になんら支障はない。関連企業は必要とあれば、どんどん新増築している」と堯は話す。

与三郎の倹約家らしいエピソードとして「お古背広」の逸話がよく引用される。洋服を着る人が増え始めた昭和の初め、与三郎は着古した和服を離さず、家族が「息子壮三郎のお古だ。捨てるのはもったいない」と説得して新調の背広をいつも着させたという話である。

だが「年中、木綿の黒絣《かすり》に羽織で過ごした。背広姿は見たことがなく、この話は信じられない」と断言するのは、アルファーエレクトロ工業社長小橋滋。小橋は与三郎の晩年に生まれた四男、西大寺でともに暮らした。

「過度に政治にかかわるべからず」も与三郎の残した家訓のひとつ。

与三郎は明治43（1910）年から大正14（1925）年まで16年間、西大寺町会議員を務めたが、政治にはのめりこまなかった、との自負があったのだろう。壮三郎が県会議員に当選した時は機嫌が悪く、「県会議長になった」と聞くと、「阿呆《あほう》が…」と言って席を立ち、先祖の墓所に参ったという。家訓を破ったことを、先祖にわびたのか？

与三郎の神仏崇拝の念は格別だった。毎朝、日の出前に水垢離《ごり》を取って斎戒沐浴《さいかいもくよく》、神棚に祝詞《のりと》をあげ、次いで仏壇の前でお経をとなえるのを晩年まで日課とした。

●─ファミリーが厳守する忠恕《ちゅうじょ》一貫

西大寺鉄道を嚆矢《こうし》とする両備グループは、現在、交通運輸とITを中軸に企業数44社、グループ全体の売上高は約1300億円、経常利益43億円（バス本体の売上高293億円＝平成17年3月実績）。社員数は約5000人。

会長の堯は「すでに96年の歴史を持つが、与三郎の残した家訓〝忠恕一貫〟はグループ最大の精神的バックボーンとして今も生きる」と強調する。

「忠恕」は論語の言葉として知られる。「忠」は「まごころ」「恕」は「思いやり」であり、孔子の弟子・曾子が「先生は終始一貫、忠恕の道を歩んだ」と話すくだりがある。

両備グループは忠恕一貫を「自分の心に忠実であり、他人に対して思いやりの心を持つこと」と解釈する。堯は「祖父・与三郎は会社経営にあたって、投機はもちろん連帯保証さえ厳禁した。半面、実印を経理責任者に預けるほど公私混同には厳しく自戒していた。この精神が両備特有の信託経営として生かされている」という。

堯によると、両備グループ44社代表は大きな権限が与えられ、預かった会社経営に全責任を持つ。本社にいちいちお伺いを立てるようなことはなく、本社も役員を派遣、目を光らすようなこともない。これが人を信じる信託経営の考えであり、実印を責任者に預けた与三郎の精神を反映したものだ。

恕の理念を生かし、人を育て、人を生かすことも責任者に強く求められる。また、資金借り入れの際、バス本社を含め会社間の連帯保証はしてはならない。「両備グループ各社の銀行借入額合計は約550億円、すべて自己責任での借り入れ」という。バス会社は内部組織として不動産、食品スーパーなど8つの社内カンパニーを持つが、同様の権限と責任が与えられている。

与三郎の戒名も「忠恕」の2字を入れた「天海院忠恕一貫居士」。漢籍に親しんでいただけに生前すでにこの戒名を決めていた。

与三郎から数えて現社長小嶋光信は5代目。3代社長基の娘婿である。壮三郎、基、堯、小嶋と歴代社長は慶応大卒。基、堯、小嶋の3人は岡山青年会議所理事長、岡山経済同友会代表幹事を歴任したが、企業経営にあたっては与三郎の遺訓を墨守し、ファミリーの結束の原点とする。

最後に「忠恕」について蛇足をひとつ。平成13（2001）年10月8日、小泉首相は就任後初めて中国を訪問した。わずか6時間の滞在だったが、江沢民国家主席、朱鎔基首相との会談に先立ち、日中戦争の発端となった北京郊外、盧溝橋の記念館に足を運び、「忠恕」と揮毫。『まごころ』と『思いやり』で日中発展に尽くす」と説明した。現在の日中関係を考える時、首相の「忠恕」には空々しさがつきまとう。


（06年7月号）

＊参考文献　「西大寺鉄道五十二年の歩み」（両備バス編）、「軽便鉄道」（青木栄一、三宅俊彦著）、「昭和30年代鉄道原風景　西日本私鉄編」（J・W・ヒギンス著）、「おかでん七十年の歩み」（岡山電気軌道編）、「せとうち産業風土記」（山陽新聞社編）、「おかやま人物風土記」（同）、「企業と人　21世紀創造」（同）、「岡山県歴史人物事典」（同）、「岡山県大百科事典」（同）

〝虎大尽〟松昌洋行社長　山本唯三郎

注目を集めた数々の奇行と善行

●──岡山県生まれ、異色の実業家

「岡山県建部町（旧鶴田村）生まれ、松昌洋行社長山本唯三郎とは？」と尋ねられても、ほとんどの岡山県人は知らないだろう。

「大正年間、朝鮮半島で虎狩りをして有名になった船成金の名は？」と質問すると、「話は聞いたことがあるが、具体的には知らない」と答える人がいるかもしれない。もちろん若い人には無縁の存在だ。

昭和58（1983）年にNHKが放映したドキュメンタリー番組「絵巻切断─秘宝三十六歌仙の流転」を覚えている人がいるかどうか？　鎌倉時代の逸品、秋田・佐竹藩に伝わった国宝級の王朝歌仙絵巻2巻が、大正8（1919）年37枚に切断され、骨董好きの実業家にそれぞれ引き取られた実話である。切断前の所有者が〝虎大尽〟こと松昌洋行《しょうしょう》社長、山本唯三郎（1873〜1927）である。

唯三郎は第1次世界大戦時、多数の船舶をチャーターしてぼろもうけ。「カネを捨てるために使った」と世間のひんしゅくを買うほど派手に豪遊、大戦が終わるとともに没落した。その行動は「船成金の狂態」

（経済評論家小汀利得）といわれるが、図書館など教育関連の施設に多額の寄付を続けた異色の実業家でもある。その奇行と善行を追う。

●――「虎狩り」で一躍有名に

唯三郎が一躍有名になったのは、大正6（1917）年11月に朝鮮半島で行った虎狩りと、帰国後の虎肉をメイン料理にした盛大なパーティである。

虎狩り同行者吉浦龍太郎編の「征虎記」によると、日本から計31人が参加、この中には全国紙記者ら19人が含まれ、中国地方からは「岡山新聞」（唯三郎が創刊した新聞社）「広島中国新聞」（中国新聞の前身）記者各1人が参加した。

下関から釜山へ、現地で狩猟の達人やポーターらも雇い、総人数は150人余にふくれあがった。「虎来い節」（左記）を合唱しながら、朝鮮半島奥地を目指すという派手なものだった。ほかに「征虎軍の歌」もつくった。

加藤清正　昔のことよ
今じゃ　山本征虎軍
虎来い　虎来い
日本男児の肝魂《きもだま》見よや
ルーズベルトも何のその
虎来い　虎来い

征虎軍は8班に分かれ、1〜5班は北部、7、8班は南部でそれぞれ虎狩り、6班は中部で熊狩りをした。メインの〝北部虎組〟は1カ月近く、雪の積もった山を走り回り、虎2頭を仕留めた。ほかに多くの熊、いのししなど。

唯三郎は帰国後の同年12月20日、東京・帝国ホテルで「獲物試食会」と銘打った盛大なパーティを開いた。出席者名簿には、時の逓信、農商務大臣をはじめ枢密院関係者、実業家ら200人以上の名前がずらり。岡山市出身の小松原英太郎（この時枢密院顧問官）の名も見える。地元の岡山市でも翌年1月、市長ら名士多数を招待、同様のパーティを開いた。

両会場ともメニューは「咸南虎冷肉の煮込み」が目玉。ほかにも「永興雁のスープ」「釜山鯛の洋酒蒸し」「北青岳羊の油いため」「高原猪肉のロースト」などすべて現地調達の材料。会場には虎狩りにちなんで竹林がつくられ、虎、熊、鹿など獲物の剥製《はくせい》が並び、虎来い節がにぎやかに流れ、虎狩り踊りも披露されたという。

山本唯三郎（山陽新聞社提供）

だが当時の国際政治事情を考えると、唯三郎の行動は軽薄のそしりをまぬかれない。明治43（1910）年8月韓国併合7年後のことである。しかも第1次大戦中だった。傍若無人《ぼうじゃくぶじん》の成金的行動がひんしゅくを買ったのは当然だが、「山本唯三郎」の名は〝虎大尽〟として全国に広まった。

唯三郎は前年の大正5（1916）年、政友会推薦で岡山の衆議院補欠選に立候補、落選した。対立候補が「山谷虎三」だったため、「山谷憎けりゃ虎まで憎い」で虎狩りに出かけた、と地元ではうわさしあった。

成金のイメージが強すぎたのか、選挙には弱かった。経営が苦しくなり始めた同9(1920)年2月、小選挙区制の岡山6区(上房、阿哲、川上郡)で西村丹治郎の対抗馬に担がれたが、再び惨敗した。

●──極貧の青少年時代

唯三郎は明治6(1873)年11月、岡山県久米郡鶴田村(現御津郡建部町)に生まれた。父は石見・浜田藩士。維新時、浜田藩は長州との戦いに敗れたため、同藩飛び地の鶴田村に逃れてきた。

4歳の時母方の養子となったが、極貧の生活が続き、上道郡小橋町(現岡山市)に家族ぐるみ転居。小学校に入学したものの学資が続かず2年で休学、近所の豆腐屋で働いた。早朝の豆腐作りに続き、天秤《てんびん》棒をかついで豆腐を売り歩き、苦しい家計を助けた。

10歳の時に働き口を求めて大阪行きを決意、船賃がなく(鉄道は開通していなかった)1週間以上かけて徒歩で行った。

大阪では職を求めてさ迷い歩き、やっと日給15銭で印刷会社に職を見つけ、夜は近くの同志社系の泰西学館で英語の勉強に励んだ。少し余裕ができると、養父への送金も忘れない親孝行児でもあった。

明治22(1889)年17歳の時、岡山に帰り、兄の援助で私立閑谷黌に入学、のち同志社に学ぶが、兄が渡米したため再び退学を余儀なくされた。思案の末、農業開拓に新天地を求め北海道に渡り、官費生として札幌農学校に入学した。

同校に学んだことは、唯三郎開運のきっかけとなる。

在学中、教師の新渡戸稲造に可愛がられ、卒業後、新渡戸らの紹介で石狩川沿いの荒地33万平方メートルの開墾に乗り出した。手元には60円しかなく、主食は開墾地で収穫した粟とジャガイモ、副食は自家製味噌のみと伝わる。家屋も自ら切り倒した大木を組み合わせてつくった。

貧苦に耐えながら厳しい自然と闘い、わずか4年間で開墾に成功した。当時、北海道の開墾は10年間に終われば、その土地が開墾者に払い下げられる特典があった。開墾地には次々小作人を入れ、大地主となった。明治29（1896）年、弱冠23歳の時である。

●―松昌洋行社長に転進

この頃の国際情勢に触れる。日本は明治28（1895）年4月、下関で日清講和条約を締結。清国から台湾、遼東半島などを譲り受け、また多額の賠償金を獲得したが、遼東半島はロシアなど3国干渉により涙をのんで返還、国民の関心は中国大陸の動向に向けられていた。唯三郎の目が大陸に注がれたのも当然であろう。

恩師新渡戸に相談すると「国家のために大いに活躍せよ」と激励された。新渡戸は唯三郎の物事にひたむきに取り組む性格と実行力を評価していた。渋沢栄一らの推薦を得て、中国・天津に本社をおく貿易商社松昌洋行の支配人として、喜び勇んで赴任した。

松昌洋行は東北三陸地方の木材を買い付けて中国に送り、同国石炭の日本への販売を主要業務としていた。寸暇を惜しんで働く唯三郎は、たちまちその存在を認められ、数年後には社長に就任した。

唯三郎の非凡さは研究熱心にもある。社長として働くかたわら、中国関係の書物、新聞などの資料を集め、大正元（1912）年には、同国の政治、経済事情を分析した大作を出版した。大隈重信が序文を書き、激賞している。他にも中国に関する著書がある。

●――使い切れない巨万の富を獲得

第1次大戦が勃発したのは大正3（1914）年7月。戦火は欧州全域に拡大、日本も日英同盟を理由にドイツに宣戦布告、独租借地の中国・青島を占領した。

同大戦は「天佑来たれり」と元老井上馨が歓声を上げたと伝わるように、沈滞気味の日本経済に空前の活況をもたらす。同4（1915）年12月東京の株式市場が大暴騰、いわゆる大戦景気がおこった。唯三郎がこの商機を逃すはずがなかった。

戦争が始まると同時に、船舶需要の急増を見越して、松昌洋行の総力を傭船と船舶購入に注いだのである。

元岡山市立図書館長、郷土史家の吉岡三平（1900〜1984）の「おかやま県人太平記」によると、この頃の所有汽船は大天丸（5800トン）など5隻、総トン数1万8450トン、傭船は影島丸（7000トン）など15隻5万7000トン。

唯三郎はこの20隻を欧州航路中心に投入して稼ぎに稼ぎ、数年の間に使いきれない巨万の富を獲得したといわれる。本社を東京に移し、支店を神戸、天津、出張所は樺太、中国・秦皇島、大阪、米子などに設置、代理店は国内主要港をはじめアジアから北米にまで張りめぐらせた。

獲物を前に大喜びの山本唯三郎（右）＝「征虎記」より転載

ほかに石炭、造船関係の会社経営にも参画するなど大戦景気で〝わが世の春〟を謳歌する船成金となり、以後「捨てるようにカネを使い始めた」という伝説を残す。

料亭を出る時、玄関が暗かったので100円札（当時の最高額紙幣）をマッチ代わりにしたとか、座敷一面に豆腐を並べ、緑の箸で芸者数人に田植をさせたなどの〝船成金神話〟がすべて唯三郎の行動とされているきらいもある。

当時、内田汽船、山下汽船、乾汽船らも大いにもうけているが、唯三郎の豪遊ぶりは突出していたらしく、「三十六歌仙絵巻の流転」の著者高嶋光雪によると、絶頂期の預金は4000万円あった。

当時の4000万円は現在いくらになるか？　週刊朝日編「値段史年表」によると、当時の公務員初任給は70円（大正7年）～75円（昭和12年）。現在20万円とすれば、ざっと3000倍。4000万円は1200億円相当になる。唯三郎が短期間に稼いだ巨額のカネの使い道に困惑したことは、真実だろう。

本人は京都・祇園で使ったカネだけでも180万円をくだらないと豪語している。

●――ふるさと、母校への熱き思い

唯三郎を「成り上がりの船成金」と決め付ける意見はいまだに根強い。いくつもの乱痴気騒ぎの後遺症であろう。だが、唯三郎は貧しい少年時代をすごしたふるさとへの恩返しは決して忘れなかった。

その最初は、岡山市立図書館の建設資金寄付である。大正5（1916）年9月岡山市に図書館寄付を申し出、同7（1918）年12月岡山市小橋町39番地（現小橋町1丁目）に岡山市で初めての鉄筋コンクリート2階建てのモダンな図書館が完成した。総経費1万8000円弱はすべて唯三郎が負担した。

当時、県都に県立、市立2つの図書館があったのは、東京と秋田だけだった。同図書館跡には現在、岡山市中央公民館がある。

落成披露式典で挨拶した唯三郎は、貧しい少年時代の思いを込めて次のように語っている。

「私は40年前の少年時代、この図書館近くの小橋町中納言で父母とともに貧乏生活を送っていた。6歳の時、この図書館敷地にあった小学校に入学した。〈略〉幼い時の辛酸はいまだに忘れることはできず、私のように経済的な事由で学校に行けない子供や、苦労をしている子供は多いと思う。教育は学校だけでするものではなく、この図書館が少しでも役立てば嬉しい」

唯三郎は中途退学した同志社にも、図書館の建設費として6万円を寄付、工事費がかさんで資金不足になると、さらに2万円を寄付し、岡山と同じような寄付の趣旨を述べている。

同志社に対しては、新島襄の胸像（田中親光作）も寄贈、その後も多額の寄付を続けるなど同校への熱い思いを持ち続けた。

このほか、大正7（1918）年7月「郡内の実業学校建設資金に2〜3万円の援助を」という生まれ故郷久米郡の要望に、ポンと20万円を寄付し、久米郡倭文《しとり》東村（現津山市）に翌年11月山本実業学校が開校した。同校はのち、山本農学校、山本実科高等女学校に分離したが、唯三郎の経営破たんとともに廃校になった。

夫人の母校である山陽高女にも、夫人名で創立30周年記念の大正6（1916）年、特別教室1棟を寄付している。

●―切り売りされた「佐竹本三十六歌仙絵巻」2巻

大正7（1918）年11月第1次大戦の終結とともに、戦争景気でぼろもうけをしていた鉄成金、船成金の凋落《ちょうらく》が始まった。傭船などを中心に厖大な投資をしていた松昌洋行は、船舶需要激減に伴う海上運賃の急落でたちまち経営は苦境に追いこまれた。

この過程の詳細な記述はほとんど見つからない。唯三郎は山本商事など数社の役員をしながら、再建に奔走したといわれる。だが、敷地面積15万平方メートルの豪壮な「池上御殿」、数十万円で買った「千駄ケ谷御殿」も手放し、吉祥寺でわびしい生活を送った。昭和2（1927）年4月自宅で胃けいれんのため急死した。54歳の働き盛りだった。

唯三郎の破産とともに、国宝級の価値がある「佐竹本三十六歌仙絵巻」2巻が売却されることになった。唯三郎がこの「絵巻」を買ったのは、虎狩りから帰った直後の大正7（1918）年。価格は35万3000円。当時、銀座の土地が700坪も買える破格の値段だった。これを、唯三郎は料亭で豪遊中、一瞥しただけですぐさま買ったという。前述のように預金だけで4000万円もあった唯三郎には〝はした金〟だったのだろう。だが2年足らずで手放す羽目に。

昭和58（1983）年11月3日放送のNHK特集「絵巻切断―秘宝三十六歌仙の流転」は、国宝級のこの絵巻物が余りにも高価すぎて、富豪とされる実業家も手が出せず、37枚に切断してくじ引きで購入した、というショッキングな事実を紹介した。

切断の詳細を語るのは本筋でないが、三井物産創設者益田孝の東京・品川御殿山の大邸宅で行われた〝切り売り〟で誰がいくらで購入したかを列挙するだけで、唯三郎の栄華の一端が分かる。

益田孝は「斎宮女御《さいぐうのにょご》」を最高の4万円、木材と米の相場師石井定七が「小野小町」を3万円、生糸王原富太郎が「小大君《こだいのきみ》」を2万5000円といった具合。

ビール王、大日本麦酒社長馬越恭平、三井合名理事長団琢磨、製紙王藤原銀次郎、野村證券創設者野村徳七、住友財閥の総帥住友吉左衛門、三越初代社長高橋義雄らの名前も見える。総額37万5000円。

国宝級絵巻物が切断されたのは、皮肉なことに、東京での盛大な虎肉試食会のちょうど2年後、大正8（1919）年12月20日である。この〝切断事件〟を機に「国宝保存法」（昭和4年）が制定され、さらに戦後「文化財保護法」へ発展した。

（06年10月号）

＊参考文献　「サンケイ新聞岡山版、おかやま県人太平記」（吉岡三平著）、「岡山図書館年報」（大林信正編）、「征虎記」（吉浦龍太郎編）、「三十六歌仙絵巻の流転」（高嶋光雪、井上隆史著）、「同志社人物誌、山本唯三郎」（本井康博著）、「岡山県歴史人物事典」（山陽新聞社編）

倉敷紡績2代社長　大原孫三郎

労働理想主義と社会貢献事業の相克

●――大原美術館開館日の不可思議

大原美術館（倉敷市中央1丁目）は企業メセナのさきがけ、倉敷紡績2代社長大原孫三郎（1880～1943）の先見性と偉大さの象徴とされる。開館は今から76年前の昭和5（1930）年11月5日、わが国初の西洋美術館である。前年急逝した児島虎次郎（1881～1929）の作品100点余と、児島を渡欧させて収集した泰西の名画61点が華やかに展示された。

作家城山三郎は、孫三郎の生涯を解明した「わしの目は十年先が見える」で、この日のハプニングを紹介している。

岡山県知事、倉敷、岡山市長ら招待者150人だけでなく、「資本家の搾取の見本！」「労働者の膏血《こうけつ》をしぼって！」とシュプレッヒコールをあげる労組と支援団体が参集したという。倉敷紡績万寿工場（倉敷市寿町、現倉敷チボリ公園所在地）からの争議団である。一部は美術館前の今橋を渡って、大原邸と緑御殿にも押しかけた。「孫三郎はこの日、岡山の別邸にこもって開館式には姿を見せず、挨拶を代読させた」とも書

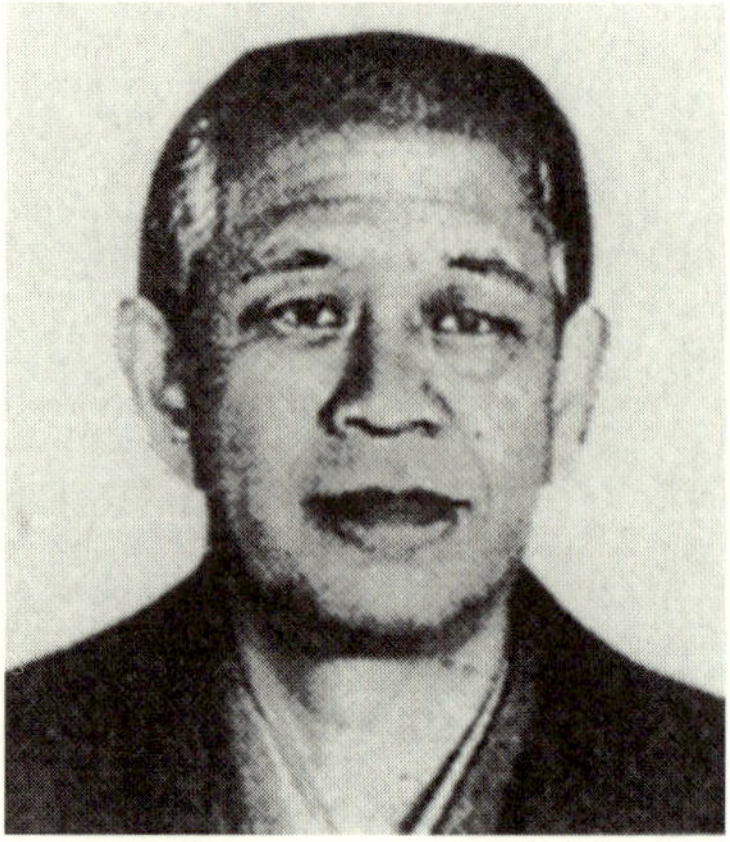

大原孫三郎（山陽新聞社提供）

いている。

だが、城山の記述には疑問もある。式典は午後2時から美術館近くの新渓園（大原家日本庭園）で行われ、孫三郎は設立趣意書こそ代読させたが、冒頭に簡単な挨拶をしている。「大原孫三郎伝」などに出席の事実が残る。

念のため、開館式当日と翌日の山陽新報（山陽新聞の前身）を調べると、「万寿工場ではスト中の女子労働者５８０人余が演芸大会などを開いて結束を固め、会社の脅しも効果なし」と報じているが、労組が式典に押しかけたとの記事は見当たらない。

今となっては真相不明だが、この頃、孫三郎は経営悪化のきびしい試練に見舞われていたことは確か。

美術館開館前年の同４（１９２９）年10月にはニューヨーク株式が大暴落、世界恐慌が始まった。日本は翌年1月金輸出解禁を断行。金の輸出入を自由化することで、為替相場を安定させ、輸出促進、景気回復を狙ったが、裏目がでた。物価、株価は急落、倒産、操業短縮に追い込まれる企業が続出した。昭和恐慌である。

倉紡は同年下期、創業以来初の赤字決算で無配転落。資金繰りも悪化。社長報酬全額辞退、役員の報酬カットに続いて、不況対策として打ち出した人員2割整理、賃金切り下げなどの合理化案に労組が強硬に反対し、主力の万寿工場は10月31日からストに突入した。

ストは10日間で終わり、美術館は25日から一般公開された。孫三郎は「労働理想主義」を標榜、特に家族的な社宅を他社に先駆けて建設（後述）、女子社員の待遇改善に努力していただけに、争議突入はさぞ残念だったに違いない。

美術館は当初入館者ゼロの日も多く、孫三郎は「わしの始めた事業でいちばん重荷になるのは、美術館じゃ」とよく洩らした。

昭和10（１９３５）年財団法人化、土地、建物のほか泰西名画、児島の遺作などすべてを財団に寄付した。その総額は１７０万円。

●──社会貢献への目覚め

明治、大正、昭和の3代にわたって活躍した実業家大原孫三郎は、倉敷紡績2代社長、第一合同銀行（中国銀行の前身）頭取をはじめ、数多くの会社経営に携わった。倉敷絹織（クラレの前身）創業者でもあり、実業家としての経歴はまばゆいほど華やかである。功成り、名遂げた実業家が第一線を引退後、その資産を福祉事業、あるいは文化事業として社会に還元することは珍しいことではない。

孫三郎は21歳で入社すると同時に、社員の福祉向上を最優先に「労働理想主義」の具現化に情熱を注ぎ、次いで父孝四郎から社長を継承すると、社会貢献事業へ多額の資金を投入し続けた。いずれも大原家、あるいは倉紡の手を離れているが、「孫三郎の蒔いた種」として、その先覚者的活動は高く評価されている。

孫三郎が倉紡に入社したのは、明治34（１９０１）年1月21歳の時である。16歳で上京、東京専門学校（現早稲田大）在学中、勉学はそっちのけで放蕩三昧に明け暮れた。多額の借金を作って倉敷に連れ戻され、「心を入れ替える」と孝四郎に誓っての入社であった。

改心の動機は2つある。ひとつは、石井十次（１８６５〜１９１４）との出会い。石井はこの頃岡山孤児院（岡山市門田屋敷）経営に全力を傾注していた。孫三郎はたまたま倉敷の集会で聞いた石井の説教に心を打たれ、これまでの生き方を全面的に悔い改めたといわれる。

もうひとつは、二宮尊徳の「報徳記」の教え。孫三郎は「富者に財産があるのは、すべて先祖のおかげであることを認識し、謙虚であるべきだ」と説く尊徳の思想を社会貢献事業の基本理念とした。

入社1年後の明治35（1902）年元旦に記した日記の一節「余は昨年よみがえりて、この元旦を迎えることを得たるを感謝す」がその決意の程を物語る。

●――未就学従業員の教育に熱意

孫三郎は入社当初、業務全般を習得する〝帝王学〟に励む日々。しかし、社内の労務実態は悲惨そのものだった。12時間労働の女子社員はほとんど未就学児童、加えて低賃金。工場内も寄宿舎も劣悪な環境、社員の採用や給食に介在して中間搾取する「飯場制度」の存在…。

当時、日本の紡績工場に共通するものだったが、「倉敷紡績百年史」によると、孫三郎はまず幼い未就学児童の教育に乗り出す。入社翌年の明治35（1902）年3月、倉敷本社工場内（現倉敷アイビースクエア所在地）に「職工教育部」を設け、小学校に行けなかった社員に基礎的な勉強を教え、孫三郎自身もキリスト教の精神を説いた。

同年5月には文部大臣の認可を得て、紡績会社では初めて工場寄宿舎内に尋常小学校を開設、文部省の定めた正規科目の授業を始めた。孫三郎は唱歌による情操教育を重視、県下では岡山師範しかなかったドイツ製グランドピアノを購入するほど力を入れた。

同年7月に小学校の教室を借りて「私立倉敷商業補習学校」（夜間）も設立、みずから校長に就任した。商店、会社などに働く青少年が対象で修業年限は2年。「修身」「算数」「英語」「商業要項」などが教えられ、孫三郎は「修身」を受け持ち、「二宮翁夜話」や福沢諭吉の「学問のすすめ」などを講義した。同44（1911）年には男子社員の技能教育に重点をおいた「倉紡工手学校」（修業年限2年）も設立している。

岡山大教育学部長、山陽学園大学長を歴任、岡山の教育事情に詳しい故秋山和夫（1929〜2000）が、孫三郎を「岡山県商業教育先覚者3人の1人」と位置づけているのも、こうした実績を評価したものである（「岡山の教育」）。

●―飯場制度廃止と寄宿舎の大改革

孫三郎が次いで取り組んだのが長年の悪習である「飯場制度」の廃止。当初は文字通り社員の炊事請負でスタートした。いつしか、社員の採用、退職に関与して不当な中間マージンをとり、また寄宿舎生活の社員に日用雑貨を高値で販売、甘い汁を吸う悪徳業者が多くなっていた。

それだけに廃止案は猛烈な抵抗にあい、難航した。最終的に全廃するのは明治39（1906）年1月、3年以上かかった。この間孫三郎は身の危険を感じ、屈強な社員が身辺警護に当たったと伝わる。

倉紡はこの頃には、社員数は1000人を超える有力企業に成長していたが、賃金は業界平均以下、1日2交替の12時間労働も業界平均より40分長い。長時間労働、低賃金の典型だった。

寄宿舎はもっと劣悪。木造2階建て2棟に600〜700人が生活、1人当たり1畳以下、その上、昼夜の勤務者が交替で同じ布団を利用した。「非衛生的で監獄部屋同然だった」との指摘もある。加えて不当なマージンをとる飯場の存在があった。

飯場制度は孫三郎の勇断で全廃したが、半年後に寄宿舎内に腸チフスが発生。会社が適切な処置を怠っている間に患者は77人にふえ、死者が7人もでた。保健所、警察の立ち入り検査に続いて、生産中止の指示が出る中で混乱は拡大、初の労働争議はストライキにまで発展した。孝四郎は責任を取って社長を辞任、孫三郎が後を継いだ。明治39（1906）年9月2日、孫三郎26歳の時である。

倉紡記念館には孫三郎が情熱を注いだ寄宿舎（下）と全景のミニチュアが展示されている

孫三郎は社長就任とともに、内部体制の改革に心血を注ぐ。社内人事の刷新と家族的な寄宿舎の建設である。特に寄宿舎など住環境の改善には力を入れた。

社長就任最初の決算である同39（1906）年下期は8万円の利益を計上する増益決算。だが、孫三郎の打った手は驚きである。役員賞与を減らし、配当も5分減の3割とし、寄宿舎改築資金に2万円を計上した。

倉敷本社工場東側の隣接地を買い増し、大正元（１９１２）年には約４万１２００平方メートルに76棟の平屋建ての寄宿舎を完工した。

１棟は２〜４戸に区分けされ、１戸は玄関、２畳、６畳（押入れ、床の間付き）で、定員は５人。各棟の間には花壇や庭も設けられ、家庭的な雰囲気が味わえるよう配慮された画期的なもの。工場近くに１３６戸の社宅も作られ、労働理想主義は着実に成果をあげていた。

●──社会貢献事業から漸次撤退

孫三郎の偉大さは、人道主義に基づいて「労働理想主義」を社内だけでなく、社会全般に適用、社会問題を科学的に研究、解明したことにある。だが、不況の深刻化とともに、金銭的にゆきづまりがおこり、蹉跌の連続となる。

「下駄と靴を片足ずつ同時に履いていけると思っていたが、この考え方は無理だった」と嘆いたのもこのころ。昭和９（１９３４）年頃から次第に社会貢献事業からの撤退を強いられる。

孫三郎の多彩な社会貢献事業の背景には、倉紡の急成長があった。

社長に就任した明治39（１９０６）年は、紡績設備は倉敷本社工場２万９５８４錘だけだった。好不況の波をくぐり抜けながら、18年後の大正13（１９２４）年には９工場、23万１３４８錘に成長、退任時の昭和14（１９３９）年10大紡の６位にランクされる成長を遂げた。孫三郎の経営手腕に負うところが大きいのは言うまでもない。

利益は内部留保して着実に増やし、設備資金は増資と社債発行でまかなう健全経営を続けた。しかし第１

次大戦後の反動不況に続き、昭和初頭の不況は深刻だった。

第一合同銀行の借入金と昭和5（1930）年下期の赤字140万円は、日本興業銀行から借入金600万円で急場をしのいだ。孫三郎の〝道楽〟といわれた社会貢献事業への資金供与には風当たりが強く、情勢は次第に厳しくなってきた。

美術館開館1カ月後、孫三郎が頭取の第一合同銀行と山陽銀行が合併、中国銀行が発足した。地方銀行の合併促進（一県一銀行）という国策にさきがけたものだったが、「孫三郎の社会貢献事業・文化事業への多額の資金投入が、倉紡、第一合同銀行の資金繰りを悪化させた」（日本経済新聞社編「経営に大義あり」）との指摘は、研究者の間に見られる。

主な社会貢献事業を列挙する。

＊**大原奨農会**　大正3（1914）年、大原家の小作地約500ヘクタールのうち200ヘクタールを財源とする財団法人として設立。小作農の保護策だけでなく農業全般を研究した。昭和4（1929）年唯一の民間農業研究機関として大原農業研究所に改称。戦後、農地改革により財源を失うが、岡山大発足とともに、同大農業生物研究所として今日に至る。

＊**大原社会問題研究所**　大正8（1919）年、労働問題を科学的に研究するため大阪・天王寺に設立。所長は東大教授の高野岩三郎、研究員には森戸辰男、暉峻義等、櫛田民蔵ら一流学者をそろえたが、「左翼学者の巣窟《そうくつ》」と批判された。不況の深刻化で昭和12（1937）年東京に移転、自主経営に。同24（1949）年法政大に移管、現在同大大原社会問題研究所。

＊**倉敷労働科学研究所**　大正10（1921）年倉紡万寿工場内に人間労働を医学的、心理学的に研究するため設立。昭和5（1930）年孫三郎の個人経営に移し、同11（1936）年東京に移転、財団法人日本

労働科学研究所（現労働科学研究所）となる。

＊倉紡中央病院　大正12（１９２３）年開設。社員だけでなく、一般の診療にも応じた。昭和２（１９２７）年倉敷中央病院に改名、同９（１９３４）年財団法人化、倉紡から独立し今日にいたる。

このほか石井十次の孤児院経営に多額の金を注ぎ込んだことは有名。大正６（１９１７）年石井十次の遺志を継いで、大阪に石井記念愛染園を設け、愛染橋病院として現在に至っている。

●―中銀、倉紡の未清算金問題

倉敷紡績財務部長、社史編集長などを務めた大津寄勝典は、自著「大原孫三郎の経営展開と社会貢献」で、孫三郎個人のこの頃の未清算金を、説得力あるデータで詳述している。大津寄は平成元（１９８９）年同社を定年退職、中国短大教授として10年教鞭をとった後、大阪大大学院で孫三郎の研究に打ち込み、75歳で「経済学博士」を授与された異色の学者。

それによると、昭和11（１９３６）年5月蔵相馬場鍈一は日本銀行に各地方銀行の経理監査を厳重に行わせ、特に、中国銀行には孫三郎に対する貸付金の整理を命じた。孫三郎は漸次、研究所などを倉紡から分離させていたが（前述）、これを受けて未清算金の本格的整理に乗り出す。

この時孫三郎の中銀への未清算金合計は１１２０万円。これを関係者と相談、次のように取り決めている。

①孫三郎が中銀に担保として差し入れの倉敷紡績、倉敷絹織の新旧株式など合計14万８７６２株の時価評価額は７５０万円。これを債務整理のため設立した大原合資会社（本社大阪、出資金１００万円）が肩代わりする。

②中国銀行の孫三郎に対する貸付残高300万円は、第一合銀が山陽銀行合併時の役員債務肩代わりなどである。個人で負担すべきものではなく、中銀負担とする。

従って孫三郎個人の借入金は1120万円－①750万円－②300万円＝70万円。ほかに倉敷紡績の孫三郎への仮払金残高300万円がある。これも大原社研、労研への支出で業務遂行上必要だったとし、倉紡が今後の利益で償却する。

昭和初めの1万円は現在価格でいくらになるか。単純に断定することはむずかしいが、大学卒の初任給から3000倍と見積もっても、孫三郎の未清算金は中銀336億円、倉紡90億円とけた外れの額だった。大原合資は、のち中銀への未清算金を担保物件で相殺した。

孫三郎は昭和14（1939）年6月倉敷紡績、倉敷絹織社長を、翌年1月中国銀行頭取を辞任、昭和18（1943）年1月18日死去した。波乱に富んだ生涯だったが、その評価については、経済学者大内兵衛の次の言葉に尽きる。「カネを儲けることにおいては、孫三郎より偉大な財界人は多い。しかし、孫三郎ほど高い目標を掲げてカネを散じ、成功した者はいない」。

（06年11月号）

＊参考文献　「大原孫三郎伝」（大原孫三郎伝刊行会編）、「倉敷紡績百年史」（倉敷紡績編）、「大原孫三郎の経営展開と社会貢献」（大津寄勝典著）、「経営に大義あり」（日本経済新聞社編）、「福祉実践にかけた先駆者たち」（兼田麗子著）、「近代史上の岡山県人」（山陽放送編）、「わしの目は十年先が見える」（城山三郎著）、「岡山の教育」（秋山和夫著）、「中国銀行五十年史」（中国銀行五十年史編纂委員会編）、「岡山県大百科事典」（山陽新聞社編）、「岡山県歴史人物事典」（同）

大本組初代社長　大本百松

波瀾万丈の若い日々

●――親子2代で有数のゼネコンに

総合土木建設業、大本組（岡山市内山下）は1年後の平成19（2007）年1月1日、創業100周年を迎える。明治40（1907）年の元日、大本百松（1891～1961）は生まれ故郷の浅口郡鶴新田村（現倉敷市連島町鶴新田）に個人事業の大本組をおこした。弱冠16歳、徒手空拳、たった一人での起業だった。

99年後の現在、大本組は資本金52億9610万円、売上高約1200億円（建築65％、土木35％）、経常利益27億円余、当期純利益12億円（平成17年実績）、社員1075人、全国に9支店、27営業所を持ち、神戸以西ではトップクラスのゼネコンである。

財務内容のよさは屈指。借金ゼロ経営が30年以上続く。自己資本比率は40・7％、日本建設業団体連合会加盟社平均は14・7％、その財務健全性は群を抜く。

この99年間同社を引っ張ってきたのは、創業者大本百松と娘婿の栄一。百松は昭和36（1961）年8月の死去まで55年間、後を継いだ栄一は今年で社長在任44年目、親子2代大本組に生涯をかけ、今日の隆盛をもたらした。

特に創業者の百松は、古いしきたりが横行する業界に辛酸をなめながらも、豪胆な性格で修羅場をいくたびも乗り切り、また独特の誠実さで多くの顧客の信頼を得、同社発展の基礎を築いた。その生涯、特に若い日々はまさに波乱万丈である。

●──16歳で大本組創業

大本百松は明治24（1891）年2月、浅口郡鶴新田村の農家に生まれた。庭先の松の大木のように「元気で百まで生きろ」の両親の願いをこめて「百松」と命名された。

大柄な子供で、相撲が強く上級生をたびたび負かせた。五合ぼた餅を一度に3個も食べ、大人を驚かせたこともある。図画がうまかった。これは成人後、現場指揮などに役立った。

倉敷・西ノ浦小学校（現連島南小）卒業式で、「わしゃ、お天気まかせの百姓は性にあわん、水島灘の流れを逆さにするような仕事をしたい」と堂々と述べ、参列した大人の度肝を抜いた。「栴檀《せんだん》は二葉《ふたば》より芳《かんば》し」。すでに生涯の事業となる土木業を意識していたかのような発言である。

小学校を卒業後、家庭のかまどから出る灰を集めて、たどん屋、農家に売る商売を始めた。不用品を買うのだからよく集まった。だが、倉庫に山積みしている間に、灰が自然に水分を吸収、硬くなった上に大幅に目減りし大損、最初の商売はあえなく失敗した。明治38（1905）年、14歳の時の貴重な経験だった。

翌年、自宅近くの土木工事現場をふらりと訪れ、「みんなで飲んでつかあさい」と酒5升と豚肉（牛肉説もある）を親方に差し出した。見知らぬ子供の大人びたせりふと、とっぴな行動に全員あっけにとられたが、百松は誘われるままにその夜、ともに飲食しながら楽しく過ごした。

縁とは不思議なもの。この宴会が百松を土木業界に誘い込むきっかけになった。翌朝、親方から労務者60人を集めて欲しいと頼まれたのである。手数料は一人につき3銭。人集めの依頼はその後も続き、かなり金をためたという（「大本百松伝」）。

自分の知恵と力が生かせ、働き甲斐がある仕事。百松は「男一匹、裸でやれる仕事」がことのほか気に入ったらしい。明治40（1907）年1月1日、16歳の時生まれ故郷で大本組を創業した。

●—草創期の挫折と苦い経験

大本百松

当初は労務者集め、石材の売り込み、小さな請負……。できることは手当たり次第に受注した。
百松を有名にしたのは、翌明治41（1908）年17歳での高梁川堤防改修工事の護岸用石材落札。超安値だったという（金額については諸説ある）。「この年齢では入札に参加できないはず」「身内が名義人だったのではないか」などの疑問も残るが、いずれにしても、百松の初めての業界参入だった。
だが結果は無残。若くて頑健な巨体を資本に、休む間も惜しんで働いたため、過労で肺炎になり、倉敷市内の病院に半年あまりも入院を余儀なくされた。

退院してみると、賃金、資材代金の支払いが大幅に遅れ、未払い賃金を要求する労務者、大口債権者らで殺気立った雰囲気さえあった。

進退窮まった百松は、両親に泣きつかざるを得なかった。「再起するには信用が大事、私を〝男一匹〟にするため助けて欲しい」。素直に手をつき、窮状を告白した。両親は家屋、田畑、家財道具すべてを処分、伯父も資金面で応援してくれた。

百松は後年「生涯で死ぬほどつらい思いをしたのは2度しかない。高梁川堤防改修の失敗はそのひとつ」と回顧している（「大本百松伝」）。

参考までにもうひとつは、大正9（1920）年に請け負った神戸市電の敷石敷設工事。中傷と嫌がらせに立ち往生したが、持ち前の誠意と粘りで何とか切り抜けた。

●――飛躍のスタートとなった因島

百松は高梁川堤防工事挫折後、土地勘があり、当時好況にわいていた広島県御調郡三庄町（現因島市三庄町）を目指した。ふところには伯父から借りた3円があった。大正3（1914）年、23歳の時である。

因島ではふとしたことで大商社鈴木商店系列の備後船渠技師長三上英果と知り合う。

百松のざっくばらんで、朴訥な性格が気に入られ、三上の手伝いをしているうちに、因島の小さな道路工事入札に成功した。無名のよそ者の落札に地元業者の驚きと反感を買うが、その度胸と素直な身上話が関係者に認められ、工事を進めることができた。

このあと百松の肝っ玉の大きさは見事。工事請負で得た利益170円で業者仲間を全員招待、一晩で使い切った。同業者は気前のよさに度肝を抜かれたが、仲間として〝認知〟もした。

百松の事業歴をたどる時、拠点が因島、相生、岡山と移っている。そのたびに、土地にうまく溶け込み、次の飛躍への足がかりとし、まさにホップ、ステップ、ジャンプといえる事業活動だ。

因島での成功は、いうなれば大きな成功に向かってのホップ段階、このあとも備後船渠の大クレーンの基礎工事を受注、その仕事ぶりを技師長三上に印象付け、絶大な信用を得る。

大正3（1914）年勃発の第1次世界大戦は、造船業界に未曾有の好況をもたらした。鈴木商店は大型船の建造に踏み切り、兵庫・相生の㈱播磨造船所（現石川島播磨重工業相生工場）に多額の資金と人材を投入した。

百松も備後船渠の三上に従って、社員十数人を引き連れ相生に移住した。大正6（1917）年、百松は26歳になっていた。翌年には大本組の本拠地も同地に移した。

相生で次の飛躍への大きなステップとなったのは、2つの出来事、鈴木商店須磨別荘護衛と新潟・中津川水力発電所水圧管取り付け工事受注である。

●―相生では「播磨の大本」で名をはす

播磨造船所の期待に応え、相生でも百松は懸命に努力、次第に頭角を現していく。特に大型起重機取り付け工事の手際のよさは、同社から特別賞与が出るほどの見事さだった。百松は社員60余人を引き連れ、帽子から着物、下駄までそろいの特注衣装で最上稲荷へお礼参り、どんちゃん騒ぎで全員を慰労した。

相生は港町で気性が荒かった。そこへよそ者が乗りこんで、仕事をどんどん取るのだから、ずいぶん地元業者との小競り合いはあったらしい。その中で百松の存在感を示したのが、大正7（1918）年の米騒動に伴う鈴木商店須磨別荘の護衛である。

米騒動は第1次大戦中の米価暴騰に伴い、大正7（1918）年8月富山県に端を発し、米穀商や富豪が相次いで襲撃された事件。

関西地方では鈴木商店の本支店や社長邸が焼打ちにあった。「神戸・須磨の別荘も危ないので助けて欲しい」との一報を受け、百松は総勢30人余を連れて相生からかけつけた。すでに別荘周辺には野次馬を含め多くの人だかりができていた。

真偽のほどはいまひとつ疑わしい点もあるが、「大本百松伝」によると、別荘護衛のためにやくざ映画のようなシーンが展開された。

夕闇迫る中、上半身裸、まわし姿の若者3、4人が抜き身のドス片手に別荘前に現れ、女主人鈴木よねに面会を強要していた。対応したのが百松。泰然として「ここには誰もいない。わしが留守を預かっている」。「それなら家捜しをするぞ」とすごむ相手。押し問答が繰り返された末、百松もついにもろ肌脱いで、大刀を構えて立ちはだかった（仁王立ちで制止したという説もある）。

百松は180センチ、110キロの巨体。相手を威圧するには十分だったに違いない。部下も百松擁護のためあいくちの鞘をはらった。一触即発の対峙が続いた。

その時「待て！」と親分風の男が割ってはいり、「別荘で暴れても仕方があるまい。ここはわしに任せろ」。百松に異論のあるはずはなく、双方が引き揚げた。身をもって女主人を守ろうとした百松のおとこ気は、鈴木商店内ばかりでなく、関西に響いたという。27歳だった。

余談ながら、鈴木よねは大正3（1914）年暮れ、玉野市日比に自ら足を運び、岡山の実業家杉山岩三郎経営の杉山製銅所を買収、銅精錬工場拡大、鉛精錬工場新設などで敏腕を発揮した。のち工場は三井金属鉱業傘下にはいった。

●——社運賭けた信越電力中津川発電所

相生時代の百松が男を上げたもうひとつは、新潟・中津川発電所の建設工事である。百松はこの時次のような感慨を述べている。

「わしの毎日は、1間四方のいかだの上に立って、急流を流れとるようなもんじゃ。大勢の若いものを抱えとるから、飛び込んで逃げるわけにはいかんし、安全な場所につけようとも思わん。また、そのいかだの上には、長いやつを振りかぶって、今にも振りおろそうとしとるのがおるんじゃ。ちょっと油断したら、真っ二つ、から竹割りじゃ。うっかりすると何かに突き当たって、そのいかだがひっくりかえる。目が覚めると、これに対する覚悟をあらたにして考えとる」。

社史「大本組の80年」は、このころの百松は「今日がなければ明日がない。しかし今日があるからといって明日があるとは限らない」との気持ちでいつも仕事に当たっていた、とその心情を解説している。

百松は大正11（1922）年、播磨造船所の下請け業者として信越電力中津川発電所の水圧管取り付け工事に参加した。冬になり豪雪で交通途絶、建設に必要な機械運搬が難渋した。

百松は同業者がしり込みをする中、一か八かの雪中のそり輸送に挑戦して大成功。予想外の利益を得るとともに、工期の大幅短縮にも成功、電力会社からも感謝され、大本組の存在をさらに業界に知らしめた。

前記の言葉はこの時の思い出として回顧談の中で述べられているが、明治40（1907）年の創業以来15年が過ぎていた。百松にはこの中津川発電所請負の大成功で、生涯初めてとも言える心の安らぎがあり、苦難の15年を前述のような言葉で振り返る余裕ができたと思える。

この時の利益額について諸説ある中で、郷土史家岡長平（1890〜1970）は70万円と推定し、当時の労務賃、米価格などから2〜3億円の利益（昭和37年時点）と算定している（「大本百松伝」）。

この後の百松の行動が光る。これまでの借金を支払ったのは当然として、さらにふるさと連島町鶴新田の全戸に電灯を寄付したのだ。その行動に世間は喝采を送った。

当時、同地区にはまだ電線がひかれていなかった。百松は大正12（1923）年秋祭りの日までに、270〜300戸と推定される全戸に架線を引き電灯をつけた。中心部から離れた家もあちこちにあったが、例外はなかった。涙を流して喜んだ家も多いと伝わる。百松はこれ以後も、ふるさとをはじめ公益のために寄付を続けた。

●—今も生き続ける百松イズム

因島でのホップ、相生でのステップを経て、岡山で大本組はさらに躍進する。

昭和9（1934）年には本社を相生から岡山市に移し、創業30年の昭和12（1937）年12月には、株式会社（資本金49・9万円）として新発足、百松は社長に就任した。この後はまさに順風満帆、大本組はジャンプの時代に突入した。

特に太平洋戦争中は函館船渠室蘭工場乾船渠、播磨造船所第三船渠、宇品陸軍運輸部坂船渠などを築造、

〝ドックの大本組〟の名も高め、昭和19（1944）年には全国建設業請負高16位にランクされた。同20（1945）年6月の岡山空襲で本社は焼失。外郭だけが焼け残った近くの中国銀行3階に仮事務所をおき、百松は再建の陣頭指揮にあたる。同21（1946）年9月には、のち2代社長となる娘婿の栄一も入社した。

大本組は戦後復興、高度成長の中、全国各地に営業所、工事現場を持つ西日本屈指の総合土木建設業に成長した。また昭和33（1958）年に建造した浚渫《しゅんせつ》船大栄丸はディーゼルポンプ船の先がけとして関係者を驚かせた。百松は昭和36（1961）年8月、「仕事＝人生」の71年の生涯を閉じた。

昭和8（1933）年ごろ、訓示したといわれる「百松イズム」は、いくらかアレンジされているが、社是、社訓として今も脈々と生きる。

1、約束の期日より早く仕上げよ。いかなる理由があろうとも、どんなことがおきようとも、どんなにしても期日に間に合わせよ。

2、施主を困らせてはならぬ。工期や工費で怒らせたり、悲しませるようなことがあってはならぬ。

3、世間から非難攻撃されたことのない大本組の名誉を断じて汚すな。

「先代社長は豪放磊落《らいらく》のイメージが定着しているが、万事、細心で周到な面があり、訓示にも見られるように思いやりと気遣いの人だった。それが、大本組の信用につながり、発展の原動力にもなった」と現社長栄一は振り返る。その栄一は謹厳実直、86歳ながら全国の顧客と現場を飛び回る行動派、百松イズムを忠実に踏襲している。

最後に百松らしいエピソードをひとつ。昭和20（1945）年の岡山空襲で市街地の7割以上が焼失したが、相生橋脇にある大本邸（岡山市内山下）は被災をまぬかれた。駆けつけた友人が喜びを言うと、百松は真っ赤になって怒り出した。

「多くの人が焼け出されて困っているのに、どうしてわしの家が焼けなかったのか？　悔しくてならん。ここにのうのうと住むわけにはいかん。戦災事務所にでも使ってもらおうと、考えとるところじゃ」。折衝の末、当時の西岡広吉県知事公舎として提供されたことも、今では知る人も少ない。

百松は家族を連島の実家に帰し、自分は市内の焼け残った小さな家を転々、元の家に落ち着いたのは昭和29（1954）年秋のことである。その間昭和22（1947）年12月には、中国地方巡幸中の昭和天皇宿舎として3日間使用され、邸内には同25（1950）年建立の行幸記念碑がある。


（06年1月号）

＊参考文献　「大本組の80年」（大本組社史編集委員会編）、「大本組70年の歩み」（大本組編）、「大本百松伝」（岡長平著）、「岡山県歴史人物事典」（山陽新聞社編）、「岡山県大百科事典」（同）、「企業と人　21世紀創造」（同）

アイサワ工業初代社長　逢沢　寛

人生の達人　いぶし銀の魅力

●—池田首相のよき相談相手

アイサワ工業創業者、初代社長逢沢寛（1888〜1982）94年の生涯は、太平洋戦争までの前半生は実業家として、戦後は政治家としての活動に大別できる。

昭和17（1942）年4月、54歳で衆議院議員に初当選、9期25年間代議士を務めた。今では「重厚な光を放ついぶし銀」と、故大平正芳首相が評した人柄を知る人は少ない。

本稿は「瀬戸内の経済人」シリーズである。だが、政治家としての寛に全く触れないのもバランスを欠く。「政治家逢沢寛」を最もよく知る元首相池田勇人の言葉を冒頭で紹介することで、その責めを果たしたい。

昭和34（1959）年、寛の三男潔（現アイサワ工業社長）の結婚式が岡山・天満屋葦川会館で行われた。この時、池田は媒酌人を務め、型どおり新郎新婦を紹介した後、敬愛をこめて熱弁をふるった。

「逢沢先生が幼少の頃から今日まで、辛酸をなめながら歩んでこられた足跡は、偉大にして無限の教訓を含んでいる。私自身、教えられることが非常に多い。特に難問に直面した時、いつも先生に相談するが、そ

逢沢　寛

の意見は傾聴に値する。まさに『人生の達人』である。逢沢先生が相談相手として身近にいることが、どれだけ私の政治生活にプラスになっているか計り知れない」（大楽久光著「逢沢寛伝」）

池田は、ズバリと核心を付く直言居士で知られる。大蔵大臣時代「貧乏人は麦飯を食え」と国会答弁、辞任に追い込まれたことは有名だ。

この翌年、池田は首相に就任するが、独特のしゃがれ声で、寛への信頼と尊敬を語るその口調は迫真的であり、出席者に大きな感動を与えたという。池田は寛に兄事し、よき相談相手としていたことを、出席者は改めて教えられた。大臣になるより「政界の〝彦左〟（江戸時代初め、幕府のご意見番といわれた大久保彦左衛門の愛称）を選んだ」と言われる寛の一面である。

●――岡山城再建への情熱

寛は昭和37（1962）年8月74歳の時、みずから設立した中国土木社長の座を二男英雄に譲り、会長に就任した。だが、土木建設業者としてやっておきたい最後の仕事があった。岡山空襲で焼失した岡山城の再建である。

岡山市住吉町の邸宅2階からは、岡山城の雄姿がいつも眺められた。安土城を模した3層6重の天守閣。

宇喜多秀家が慶長2（1597）年築城以来、明治維新まで約270年間岡山藩歴代藩主の居城だった。姫路の白鷺城に対比して、黒板張りの外観から烏城とも呼ばれる名城は、四季折々青空に映えて美しかった。

「2階座敷の障子を開け放ち、天守閣に見入る父をよく覚えている。それだけに空襲で焼け落ちる岡山城に大きなショックを受け、何としても自分の手で再建したい、との思いは晩年になるほど高まったのでは…」と現社長の潔は推測する。

国宝の天守閣、石山門は焼失。戦後、広大な本丸跡は岡山市に払い下げられたが、20年近く荒れ放題。再建論議が具体的になった時、寛は真っ先に名乗りを上げた。城再建に必要な費用1億5000万円のうち、1億3500万円の縁故債を引き受けたのだ。

これで資金の目途が立った岡山市は、岡山城再建を入札にかけたが、中国土木が落札したことから、市議会がもめた。「城再建の縁故債を引き受けたものが、再建を手がけるのはおかしい」という議論である。最終的には、昭和41（1966）年11月中国土木の手で鉄筋コンクリートの岡山城が復元された。岡山城再建の情念は、焼失後21年でやっと実ったのである。同時に不明門、廊下門なども再建され、本丸一帯は烏城公園として整備され、後楽園とともに市民、観光客に親しまれている。

●——極貧の幼少年時代

寛は明治21（1888）年5月、御津郡宇垣村宇垣（現岡山市御津宇垣）に生まれた。父が病身でわずかの田畑も耕せず、どん底の生活が続いた。小学校3年、9歳の時、近くの叔父の家に預けられ、弟も母の実家に。当時珍しくなかった「口べらし」である。

風呂敷包み一つを抱えて叔父の家に行く寛を「母が道端でいつまでも見送る姿が、生涯脳裏に焼きついて消えなかった」と後年回顧している。「何回振り返っても、母がじーっとこちらを見つめている。たまらなくなって、母の視界から早く自分を消そうと、一生懸命走り出した。すると、涙が入れ物からこぼれるようにあふれて止まらなかった」

叔父の家でも小学校に行きながら農作業を手伝う日々。子供も貴重な労働力だった。当時の尋常小学校は4年まで。高等小学校へ進んだが、経済的な理由から6カ月で断念せざるを得なかった。

寛が正式な学校教育を受けたのは、この4年6カ月だけ。以後、早稲田の講義録を取り寄せ、寸暇を惜しんで勉強を始める。英語、代数、幾何など中学卒業程度の基礎的な知識は、数年後には身につけていたといわれる。

明治29（1896）年7月、近くで岡山―津山を結ぶ中国鉄道の工事が始まった。寛はまだ10歳にもなっていなかったが、大人に交じり、旭川河原の砂利を掘って工事現場に運ぶ仕事の手伝いをした。しかし子供の運搬量は知れたもの。そのハンディは回数でこなし、1日10銭と大人顔負けの稼ぎだったという。

工事は2年で終わり、この後は叔父の家で豆腐づくりの手伝い。早朝から夜遅くまで近郷の農村に売り歩く仕事を4、5年続けた。

一家はその後、御津郡芳田村米倉（現岡山市米倉）に移転、細々と暮らす。ここは母の実家近くで親戚も多く、また岡山市にも近く、何かにつけて便利だった。寛はここで生涯の事業となる土木建設業に本格的にかかわる。

●―土木建設業へのかかわり

逢沢一家が米倉に移住したのは明治36（1903）年。日露戦争前年であり、日本経済は活況を呈し始め、銀行、紡績会社の設立が相次いでいた。特に西日本では輸送力増強を狙った鉄道建設が活発。山陽鉄道の笠岡までの開通（明治24年7月）に続き、中国鉄道岡山―津山間開通（同31年12月）、同岡山―湛井（総社）間開通（同37年11月）、さらに、寛の自宅近くで国鉄宇野線（岡山―宇野）の工事も始まった。

中国鉄道工事の際、子供ながら砂利運びに加わり、労賃稼ぎをした寛は、当然のようにここでも砂利運びに参加した。砂を運びながら「この砂を舟で運んだら……」のアイディアを思いつく。砂利は近くの笹ケ瀬川の川底から採取、現場へ多数の人力で運んでいた。

低湿地の多いこの一帯では、水路が縦横に張りめぐらされ、大八車の代わりに、底の浅い「田船」が水路に使用されていた。この田舟で砂利を運ぶというのである。一人で運ぶと精々1日20銭、舟なら5倍の1日1円の稼ぎになる、と計算したのだ。

問題は30円もする舟の購入資金。案ずるより産むは易し。近所の資産家がポンと出してくれた。すでに寛の利発さは一目置かれていたのだろう。明治40（1907）年、19歳の時である。

この舟の活用で収入は増え、舟の借入代を数カ月で返済したばかりか、毎月かなりの貯金が出来た。寛はその後、吉井川の砂利を岡山県土木課に定期的に納入することに成功、土木建設業への進出の決意を固めた。この時は請負業者としての年齢に足りず、父の名義で届け出た。

●—逢沢組創業時代の苦難

初めて請け負った仕事は、児島郡粒江村（現倉敷市）内の倉敷川護岸工事、金額は180円。現在価格にして百数十万円といわれ、個人事業としてのささやかなスタートだった。明治42（1909）年8月、20歳の時である。

さらに、吉備郡足守町（現岡山市足守）の足守川護岸工事、西大寺—牛窓、高梁—落合間各県道改修工事など次々に落札し、同45（1912）年5月、正式に「逢沢組」として発足。その後、香川県下の洪水被害復旧工事などにも業務を拡大した。

順調なスタートに見えるが、世間の水は甘くなかった。わざと落札させて大赤字を出させる謀略、予想外に難しい仕事を親切そうに回す業者もいた。

引き受けた以上、赤字であっても、最後まで仕上げるのがこの業界の不文律。歯ぎしりするような悔しさを我慢しながら、こなす仕事も多かった。砂利運搬で稼いだカネも数年のうちになくなった。

この後資金は枯渇、仕事もほとんどなく、失業同然の状態が続いた。だが、損を覚悟でも仕事をやり遂げる誠実な姿勢は、業界で次第に信用を獲得、注目され始める。

大正7（1918）年、岡山・兵庫県境の国道2号線三石峠（現備前市）の

〝逢沢の出世橋〟といわれた昭和7年架設の永安橋

土砂崩れ復旧工事の受注は、ふたたび寛をよみがえらせた。一陽来復、30歳の時である。

この三石峠工事受注は、寛の「現場重視主義」として、今なおアイサワ工業に語り伝えられる。入札日前日の深夜、豪雨の中を最終の夜行列車で三石にかけつけ、現場をつぶさに視察。駅舎で一夜を明かし、朝の一番列車で帰って入札に参加した。他の業者は県の説明を鵜呑みにして応札したが、現場を見た寛の正確で適正価格の見積もりが落札したことはいうまでもない。

続いて同9（1920）年完成した上道郡西大寺町（現岡山市西大寺）と邑久郡豊村（現岡山市豊）を結ぶ永安橋の架け替え工事は、逢沢組の評価をさらに高めた。近代的な鉄骨の橋梁（トラス橋）で復旧工事を完成させたのである。

同橋が初めて架けられたのは、明治12（1879）年2月。完工式に参列した県令高崎五六は、架橋に奔走した西大寺村長山口安次郎の「安」と、永遠に安泰の願いもこめて「永安橋」と命名した。だが木橋だったため、洪水のたびに流失することが多かった。

昭和7（1932）年に架け替えた永安橋も、同61（1986）年に下流約200メートルに新設された新永安橋も手がけ、永安橋は「逢沢の出世橋」と世間は評した。

●―若手3人組の業界改革

寛は大正13（1924）年ごろ、大本組創業者の大本百松と知り合う。「生涯の盟友であり、かけがえのない友人」と後年、折りに触れて話している。

大本は明治24（1891）年浅口郡鶴新田村（現倉敷市）の生まれ、寛より3歳若い。2人とも若くして土木建設業界へ単身参入、辛酸をなめた境遇もほぼ同じ。意気投合、以後兄弟以上の交友が続いた。

この2人に、寛より4歳年長、吉備郡箭田村（現倉敷市真備町）出身の瀬本唯一が加わり、〝若手3人組〟として注目を集める。

大本の豪放磊落に対し、寛は地味で控えめな性格。だが何故か2人はうまがあった。「大本は頼まれると『いや』と言えない性格、おとこ気で仕事を引き受けることも多かった。寛は合理的に物を考え、仕事と人情は厳然と区別していた」。瀬本は年長者らしく、2人を冷静に分析している。

3人は共同歩調で受注を目指すが、同時に業界の悪弊刷新に乗り出した。今風にいうなら「業界のヤングパワー」か。3人は大本の生まれ故郷、鶴新田用水の樋管工事の受注に見事成功。続いて、大手橋梁メーカー・日本橋梁の下請けとして高梁川霞橋の鉄橋架設も請け負った。大正15（1926）年着工、昭和3（1928）年完工、中国地方随一の近代橋と評価され、3人組の共同歩調は出足順調だった。

次に入札改善の切り札として書留入札を提唱、行政に採用された。談合を排し、応札者はすべて書留郵便で郵送、関係者立会い開封で最低値に落札させるというもの。アイディアとしては実に素晴らしかった。だが、談合で甘い汁を吸っていた連中の猛烈な抵抗に遭う。むちゃくちゃの安値でたびたび郵送、書留入札のシステムそのものを破壊してしまったのだ。業界刷新を旗印にした3人組の理想はあえなくついえた。

●—中国土木からアイサワ工業へ

書留入札は失敗したが、若手3人組の共同受注はその後も順調だった。こうなると、より大きな仕事に挑戦したくなるのは人情。まして3人とも働き盛りの40歳代。受注すること自体で一目置かれ、儲けも大きい鉄道工事を目指した。当時、鉄道大臣指定の請負業者は全国で約60、岡山県には3業者しかいなかった（「大本百松伝」）。

山陽線の複線化工事などいくつかの受注に成功したが、寛は私淑する業界の先輩格、藤原兵太郎を3人組に迎え入れ、4人の共同出資で中国土木合資会社を設立した。昭和7（1932）年9月、44歳の時である。藤原は小豆島出身。藤田干拓が始まると労務者でやってきて、次第に頭角を現し、有力業者に成長した。岡山県に3人しかいない鉄道請負業者のひとりだった。中国土木合資代表には藤原が就任したが、まもなく死去、寛が引き継いだ。その後、海軍鎮守府、昭和鉱業日比製煉所、三井造船玉工場などの大規模工事を次々に受注、会社の基盤を不動のものとした。

昭和14（1939）年には傍系の中国土木株式会社を設立（昭和24年、中国土木合資と合併、中国土木株式会社に一本化した）。また、同業者間の結束を固め、不正談合を排除する組織づくりにも力を入れ、同16（1941）年4月苦労の末、「岡山県土木建築請負業組合」を設立した。東京、大阪に次いで3番目。寛は副理事長に、大本は理事に就任した。このとき理事長になったのは吉行沢太郎、作家吉行淳之助の祖父である。

翌17（1942）年は寛の生涯で最も充実した年となった。岡山県土木建築請負業組合理事長に就任、瀬本を副理事長に据え、業界かじ取り役としての奔走が始まった。この年岡山商工会議所会頭に、また日本土木建築請負業組合連合会会長にも就任。寛のいぶし銀のような人柄が輝き始めるのである。

衆議院選に出馬、翼賛政治会の推薦なしで当選、政治家としての第一歩を踏み出したのもこの年である。

寛は昭和57（1982）年10月、94歳の天寿を全うしたが、政治家としての血脈は、二男英雄、孫の一郎と受け継がれた。一郎は同61（1986）年以来当選7回。安倍内閣発足に伴い、現在、衆院議院運営委員会委員長。「物心ついた頃には、祖父は政治家として東京在住。時たま帰岡した時は、私と風呂に入るのが何より楽しみだったようだ。孫にやさしい好々爺だった」と懐かしむ。

中国土木は昭和48（1973）年三男潔が社長就任、同年アイサワ工業に社名変更、現在に至っている。潔は「会社をめぐる環境は依然厳しいが、今後は建築部門のウエートを高め、体質を強化したい」と話す。

（07年1月号）

＊参考文献　「逢沢寛伝」（大楽久光著）、「大本百松伝」（岡長平著）、「アイサワ工業社報」（1982年12月、追悼特集号）、「岡山市史」（岡山市役所編）、「岡山県歴史人物事典」（山陽新聞社編）

Ⅲ　昭和・平成編

山陽放送初代社長　谷口久吉

教育、文化振興に多大の貢献

●――後半生は新聞、民放で活躍

山陽放送初代社長谷口久吉（１８８９〜１９６８）の人生は波乱に富む。

銀行マンとして苦労を重ねながら中国銀行副頭取にまで昇進したが、在任1年足らずで突如、合同新聞社（現山陽新聞社）社長に転進。さらに山陽放送に移り、社長、会長として草創期の厳しい経営に携わった。

この間、マスコミトップとして豊富な人脈を駆使、岡山大誘致、育成に献身的に尽くし、また各種の文化事業にも奔走、県下の教育、文化振興に尽くした功績は計り知れない。

これについては、山陽新聞社編集局次長を務めた故生咲恭仁彦の力作「谷口久吉の文化巡歴」（山陽放送刊）に詳しい。主な業績を列挙する。

◎山陽新聞社（合同新聞社）社長、会長時代（昭和22〜28年）

①地方初の日展岡山開催（昭和23年1月）
東京、京都以外で開催されなかった日展を岡山に初めて誘致、東京会場23万人を上回る入場者数を記録し

た。昭和26年まで毎年開催。

②岡山大の誘致、育成（昭和22～24年）
岡山大設立期成会副会長として奔走、特に地元負担金については県下市町村を募金行脚、その熱意は今でも関係者に語り継がれる。後年、法経短大や工学部設置にも尽力。

③栄西禅師献茶会の復活（昭和27年4月）
昭和14年以来途絶えていた茶会を復活した。円通寺良寛茶会も。

◎山陽放送社長、会長時代（昭和28～43年）

①岡山茶道懇話会の結成（昭和33年4月）
流派にこだわらず、茶人の交流を実現した。

②閑谷学校修復に尽力（昭和34～37年）
顕彰保存会会長として講堂の屋根吹き替え、修理に尽くした。特に金重陶陽ら備前焼作家7人と協力、資金集めに尽力。

③曹源寺、岡山・安養寺修理の財政支援

④高専の津山誘致と募金（昭和37～38年）
県下3候補地のうち、津山一本化に尽力、決定後は募金活動に奔走。

⑤吉備路風土記の丘整備（昭和41～42年）
情熱を注いだ備中国分寺本堂が修復したのは没後1カ月だった。

●―守分十と同時に第一合銀入行

谷口の生涯で意外に知られていないのは、中国銀行時代を含むその前半生である。そこには、晩年〝文化じいさん〟と敬愛の念を込めて呼ばれた枯淡、飄逸《ひょういつ》の谷口とは、別の顔と苦難の人生がある。

大正11（1922）年6月1日、第一合同銀行（中国銀行の前身）は岡山県北の有力銀行妹尾銀行を吸収合併した。「大が小を呑む」ありふれた合併だが、偶然にもこの時、谷口久吉と守分十（1890〜1977）が第一合銀に入行した。

谷口は吸収された妹尾銀行鴨方支店長、支店長中最年少で若手のホープだった。守分は、第一合銀頭取大原孫三郎にスカウトされ、北海道拓殖銀行から倉敷支店長代理として着任した。谷口32歳、守分31歳だった。以後2人は切磋琢磨しながら昇進を続け、20数年後の太平洋戦争終結前後には中国銀行首脳として経営に当たる。歴史の偶然とはいえ、後年検証すると実に面白く、人の世のえにしの不思議さを感じざるを得ない。

ここで妹尾銀行合併時、大正期の経済状況をみよう。第1次世界大戦（1914〜1918）後の反動恐慌は、活況を呈していた鉄鋼、海運、造船などを、一気にどん底に陥れた。大正9（1920）年3月の株価大暴落が追い討ちをかけ、取り付け騒ぎがおこる銀行が続出した。

岡山県下では同8（1919）年10月、孫三郎の倉敷銀行を核に県南6行が合併、第一合銀として発足、体質強化に努めていた。合併によって預金、貸出金とも1000万円を超え、岡山県下では、安田財閥系の二十二銀行に次ぐ地位に躍進、「二十二を追い越せ」を合言葉に、さらに同県下の銀行合併を積極的に進めた。妹尾銀行合併もその一環である。

妹尾銀行は明治32（1899）年10月、西北条郡津山町（現津山市）で貯蓄銀行としてスタート。オーナーの交代、普通銀行へ転換の後、衆院議員妹尾順平が頭取の時、政治スキャンダルから信用不安が広がった。このため大正11（1922）年、親友の孫三郎が救済に乗り出した。この時、同行は資本金100万円、預貯金439万円、貸出金502万円、岡山県北ではダントツだった（「中国銀行五十年史」）。

●―辛酸をなめた少年時代

谷口は少年時代、筆舌に尽くしがたい辛酸をなめた。特に、幸徳秋水事件（明治43年）に巻き込まれたことが苦難を大きくした。

谷口久吉

明治22（1889）年12月西北条郡津山町（現津山市）で生まれた。幼少の頃生家は没落、小学校を卒業すると地元の津山銀行に雑用係として雇われた。銀行上層部は旧武士が占め、威張りかえっており、利かん気の強かった谷口は、人使いの荒さに腹を立てて数日で辞めてしまった。15歳の時である。

同行は同13（1880）年1月、津山藩の札差だった森本藤吉が岡山県下初の私立銀行として自宅離れに開業。のち作備銀行と合併して山陽銀行に、さらに昭和5（1930）年第一合銀と合併、中国銀行となった。中銀副頭取になった谷口が少年の時、前身の津山銀行で数日働いただけで飛び出した、というのも歴史の偶然として面白い。

谷口は同39（1906）年には大阪・泰西学館中学部に学び、卒業した18歳の頃、キリスト教の洗礼を受けた。多感な谷口は社会の矛盾に敏感に反応、博愛主義のキリスト教に強く惹かれた、と思われる。

大阪では過労から倒れ、信仰を通じて知り合った幸徳秋水の内妻菅野スガの看護を受けたことが、思いがけない災厄となって降りかかってきた。同43（1910）年、幸徳ら社会主義者が明治天皇暗殺を企てた「大逆事件」が発生、幸徳やスガ、井原出身の森近運平ら12人が死刑にされた。

「文化巡歴」によると、スガ宅の捜査で谷口の手紙（礼状か？）が発見された。谷口は大阪・曽根崎警察署に留置され、さらに津山に移送された。全く無実と分かり釈放されたが、谷口の憤懣は納まらなかった。高圧的な権力機構、人権無視の取り調べに対する反感は、社会改革を目指す「美作立憲青年党」に走らせた。演説会の開催など政治活動手伝いの日々が続いた。この頃妹尾順平と知り合う。

無実だったとはいえ、大逆事件との関係を疑われた谷口は、まともな就職はあきらめていた。だが、妹尾はその利発さと行動力を評価、自分の銀行に招いた。谷口が妹尾銀行に入ったのは明治44（1911）年。21歳だった。「終生の感激であり、銀行のためには死んでもよい」と喜んだといわれる。

●――守分との昇進レース

第一合同銀行は大正年間だけで計14行を合併、大正14（1925）年には資本金1150万円、店舗数77、預金高5200万円と県下第1位どころか、全国地方銀行中2位、都市銀行を含めても24位に躍進した。この間、岡山県金庫、岡山市金庫など公金の取り扱いを他行から奪い、預金高をさらに増加させた。

谷口は吸収合併後、本店経理課勤務となるが、昭和2（1927）年4月同行の激しい取り付け騒ぎを体験、生々しい証言を残している。この時、守分は検査部長代理として姫路倉庫銀行に派遣されていた。同5（1930）年12月、第一合銀は県北に店舗展開をする山陽銀行と対等合併、中国銀行が誕生した。この時谷口は福山支店長、守分は高松支店長兼四国支店監督心得で、2人の昇進レースがこの頃から注目を集め始める。

翌6（1931）年谷口は本店経理課長の重要ポストに、守分は高松勤務を続けたが、同9（1934）年本店業務課長に栄転、谷口が入れ替わりに守分の後任として高松支店長に赴任した。

守分は合併に伴う不良資産整理で手腕を発揮、同11（1936）年、業務課長兼務のまま同行初の生え抜き取締役に就任した。守分が一歩リードしたが、谷口もぴったり後を追う。2年後には谷口も取締役に。同14（1939）年守分が常務に昇任すると、谷口も翌年常務に。守分は同19（1944）年専務になりさらにリードした。初代頭取の孫三郎はすでに引退、後任は岡山県出身、朝鮮銀行副総裁だった公森太郎。実務に精通した守分、谷口らが頭取を補佐し、戦時下の厳しい銀行経営に当たった。

終戦とともに公森は公職追放で退任、頭取守分、副頭取谷口のコンビで新経営体制がスタートした。守分55歳、谷口56歳。2人とも当時の銀行経営者としては遅咲きだった。しかし谷口は副頭取在任10カ月の昭和22（1947）年1月突然、地元の合同新聞社社長に転出する。

●―銀行から新聞、さらに民放へ

谷口の合同新聞社社長就任は世間を驚かせた。巷間伝えられたのは、新聞社が中銀と太いパイプを持ちたくて、しかるべき人材派遣を依頼したという説。

当時、合同新聞社は空襲で岡山市東山下（現中山下2丁目）の本社社屋を焼失。外郭が焼け残った天満屋に間借り、疎開先で焼失をまぬかれた輪転機を地階に据え付け、細々と新聞発行していた。今後の新社屋建設、新輪転機の購入などを考慮、社長になるべき人物の派遣を要請したといわれる。当時の切迫した財務事情を考えると、これは当たっているかも知れない。

要請を受けた頭取守分も、「新聞社は君に適した職場」と説得を重ねたという。谷口は有能であり、その穏やかな人柄には人望があったが、強力なライバルでもあった。

谷口は「普通の企業ならこれまでの経験が生かせるが、新聞業界はずぶの素人」と当初固辞、最終的には承諾した。社長就任挨拶では全社員に新聞の社会的使命を強調、「信頼される新聞づくり」を呼びかけている。「銀行への未練を断ち切ったさわやかな再出発」と谷口を知る関係者は評した。

就任早々、谷口発案の日展岡山開催の空前の成功に続き、「名宝展」も谷口の主導で開催、大好評だった。だが、陣頭指揮もわずか4年。今度は会長にまつりあげられ、これから設立される山陽放送社長候補となる。同26（1951）年12月、61歳の時である。

この時はさすがの谷口も不満をもらしたとの伝説を残す。「わしをあちこち動かして、将棋の駒と思っとるのか。しかもカネ集めばかりじゃ」。人生を第三者にいじられるようで不愉快だったのではないか。だが、不満をもらしたのはこの時一度だけ。

谷口は同28（1953）年4月社長就任、会長を経て同43（1968）年5月一線を引退した。ラジオ放送開始に続いて、草創期のテレビ放送経営に取り組み、また岡山市丸の内の現在地に同37（1962）年4月念願の放送開館を完成させた。創業以来の苦難の日々を思い出したのか、電波送出のスイッチを押す時、谷口の目には涙があふれていたという。

谷口の偉大さは、情熱を注いだ本業に加え、100を超える公職を引き受け、岡山県下の教育、文化振興に尽くした点にある。いつも謙虚であり、誠心誠意、努力を惜しまなかった。特に、誰もが嫌がる募金集めには、これまでのコネをフルに活用して率先して尽くした。「谷口さんにわざわざ足を運ばれては応じざるを得なかった」と話す人は多かった。

●―俳人、茶人としての谷口

谷口は俳人としても著名。号は古杏《こきょう》、若くして臼田亜浪の指導を受け、「萩の塚句集」「杏」「白百合」などの句集がある。

茶人の号は宗杏、裏千家老分として家元を補佐、淡交会支部長も務めた。ここでも谷口は人脈を生かして、文化振興事業の資金集めの茶会をたびたび催し、多額の資金を寄付している。

また、県下各地に多くの句碑を残しているが、岡山市円山にある岡山藩主池田家の菩提寺、曹源寺裏の林の中にひっそりと横たわる句碑ほど谷口の人柄をしのばすものはない。

建立されたのは昭和38（1963）年9月24日。長年にわたる地方文化振興が評価され、前年、岡山県文化賞、藍綬褒章を受賞したが、祝賀行事はかたくなに辞退した。「当然のことをしたに過ぎない」と、

完成した岡山市円山、曹源寺の句碑わきにたたずむ谷口
（「谷口久吉の文化巡歴」から転載）

いかにも谷口らしい。

親交のあった県知事三木行治の説得で、谷口が好んで逍遥する曹源寺内に記念の句碑建立でやっとまとまった。三木は境内を提案したが谷口が断り、現在地に落ち着いた。

その句碑も谷口の人柄をしのばす。樹木の間に5メートル四方の石の基壇がつくられ、その上に1メートル四方の黒っぽい石が、眠るように横たわる。屹立《きつりつ》していないのだ。碑面には「かなかなや　朝の枕灯　妻と消す」の文字。同年3月、夫人と鳥取・三朝温泉に旅した時の句である。

谷口は生涯につくった多数の句の中で、この句をもっとも気にいっていた。余談になるが、同40（1965）年秋、勲三等瑞宝章受章と喜寿の喜びを親友と分かち合うため、20本の茶杓に自分の句を刻んで贈った時、この句の茶杓だけは手元に残した。夫人との思い出は他人に渡したくなかったのだろう。谷口は愛妻家だった。

句碑の設計は前川国男、谷口吉郎、施工は流政之で、当然、庵治石を使った。除幕式には、親交のあった京都・建仁寺管長の竹田益州、知事三木をはじめ俳人、茶人ら百人余が出席。谷口は3カ月前に亡くなった夫人を思い、言葉を詰まらせながら謝辞を述べた。句碑近くの道ばたには三木の自筆「ねむりづか」の標柱があり、案内をしているようだ。

谷口は昭和43（1968）年11月死去、享年78。カラー放送開始を見届けた半年後である。「北は雪嶺　郷里あたたかく　人老いぬ」。病室で小林和作の絵に書いた句が絶筆となった。

山陽放送はラジオのスタートは遅れたが、民放地方局テレビとしては最も早い昭

単位：100万円

	平成18年3月売上高	平成9年3月売上高
山陽放送	8,994	12,880
岡山放送	8,636	9,203
テレビせとうち	3,651	3,428
西日本放送	8,432	10,887
瀬戸内海放送	7,316	7,758

「岡山企業年報」「香川の会社情報」のデータをもとに作成

和33（1968）年6月に開局した。ラジオ、テレビ兼営局として躍進を続け、「地方民放の雄」と称された。だが、この10年売上高は平成9（1996）年3月の128億8000万円をピークに下降、最近は歯止めがかかったものの、同18（2006）年3月売上高は89億9000万円。今では岡山、香川エリアの4社がほぼ肩を並べる（山陽放送、西日本放送はラジオ売り上げを含む）＝別表参照。

テレビの媒体価値をいち早く見抜き、早期開局を陣頭指揮した谷口は、あの世で「後輩よ、もっとがんばれ」と激励しているのではないか？　同社は来年4月1日、創立55周年を迎える。

（07年3月号）

＊参考文献　「谷口久吉の文化巡歴」（生咲恭仁彦著）、「山陽放送二十五年史」（山陽放送編）、「山陽放送の50年」（同50年史編集委員会編）、「中国銀行五十年史」（中国銀行五十年史編纂委員会編）、「岡山企業年報」（瀬戸内海経済レポート編）、「香川の会社情報」（香川経済レポート編）、「山陽新聞百二十年史」（山陽新聞百二十年史編纂委員会編）、「岡山県歴史人物事典」（山陽新聞社編）

岡山経済界の風雲児　林原3代社長　林原一郎

伝説と風聞を〝解剖〟する

●——時ならぬ春雷のとどろき

4月には珍しく雷鳴がとどろいた。閃光の後、大きな音塊は中天を転がるように遠ざかっていった。昭和36（1961）年4月17日未明のことである。林原一郎（1908〜1961）夫人英子は、夫の病状を気遣いながら自宅でまどろんでいたが、「今、主人は天に召された」と直感したという。起き上がり、あふれる涙をぬぐっていると、入院先の岡山大学病院から「一郎重篤」を知らせる電話が鳴った。

「岡山経済界の風雲児」「昭和快男児」と呼ばれ、戦後、縦横無尽の活躍をした林原株式会社（現株式会社林原）社長林原一郎は入院2カ月、胃ガンのため同日朝死去した。働き盛りの52歳、あまりにも早い旅立ちだった。

一郎が手術を受けたのはこの年2月半ば。それまで体調の異変については一切口にせず、入院中も付き添い看護で英子を病室に泊まらせなかった。だが、慶応大在学中の長男・健（現社長）が東京から見舞いに駆けつけた時は、ことのほか喜んだ。

「背広姿を初めて見たのがよほど嬉しかったのでしょう。〝仕事の鬼〟といわれるほど働いた父だったが、家族思いは人一倍。子ぼんのうで愛妻家だった」と健は振り返る。

●―驚異的発展の原動力は？

終戦時一郎は37歳、岡山連隊司令部主計中尉だった。終戦事務をかたづけると、空襲で焼失した岡山市藤野町（現天瀬南町）の水あめ工場再建に着手。5カ月後の昭和21（１９４６）年1月には生産再開にこぎつけた。岡山市内ではもっとも早かったという。

15年後の同36（１９６１）年までに、ブドウ糖業界トップメーカーになったばかりでなく、関連会社はカバヤ食品、太陽殖産、昭和倉庫、岡山製紙、日本感光色素研究所をはじめ、ホテル経営、不動産開発など16社に及ぶ多角経営を展開（社員総数３０００人）、〝林原コンツェルン〟の総帥として君臨した。すべて15年間仕事ひと筋に打ち込んだ一郎の才覚と努力の結晶だった。

林原一郎

この驚異的発展の原資は、それまでの預貯金１６０万円と戦災保険金30万円。加えて何よりも幸運だったのは、陸軍に納入予定のでんぷん原料70トンが手付かずのまま残っていたことだ。空襲で工場が焼失した翌日入荷し、そのまま倉庫に保管されていた。

終戦直後、全国各地で軍関係物資を私物化した「隠退蔵物資摘発」が連日新聞紙上をにぎわしていた時である。一郎は旧陸軍糧秣廠《りょうまつ》に問い合わせると、すでに戦災にあったものとして処理済みで、返却の必要性なしという返事。当局から隠退蔵物資ではない、との〝お墨付き〟をもらった形だ。甘味料の全く入手できない当時、このでんぷんの活用は林原の強力な武器となり、その後の発展の原動力となった。

林原の素早い生産再開は、全国の卸商、製菓業者を狂喜させた。工場は設備増強を重ね、同25（1950）年には日産6000缶（1缶約25キロ）に達し、戦前のピーク1日1600缶をはるかに上回る日本一の水あめ工場へ成長した。

●—関心を呼んだ岡山駅前一等地の購入

空前の活況の中、次々に一郎の打った手は驚嘆に値する。焼け野が原の岡山市内の空き地買収に乗り出したのだ。同市藤野町の本社工場周辺を買収して2万1000平方メートルと10倍増に、また同21（1946）年9月、岡山市下石井、旧住友通信工業（現日本電気）岡山製造所跡約6万6000平方メートル（現本社所在地、のち一部を道路、団体用地などに提供、現在4万6200平方メートル）を買収した。

この後も瀬戸内沿岸の遊休地、京阪神の不動産などを次々に取得、今日では、同社のぼう大な含み資産となっていることは知られる。

「岡山駅前の一等地をいくらで買収したか」は関心の的だった。当時は未曾有の悪性インフレが進行中。政府はこの年2月16日、インフレ抑制のため突如「金融緊急措置令」「日本銀行券預入令」などを発表、翌日実施という強硬手段をとった。発表翌日には法人、個人を問わずすべての預金を封鎖してしまい、一定の生活資金、事業資金に限って引き出しを認めるという異例の措置だった。

同時に新１００円、新10円紙幣などの新円が発行され、旧紙幣は一定期間内に一定額だけ新円との交換を認め、それ以外は強制的に預金させた。新円の発行が間に合わず、旧円に小さな証紙を貼りつける緊急措置もとられ、市中を流通する紙幣は極端に不足していた。

そうした状況下での巨額の土地取引。「価格はいくらか」「決済はどのようにしたか」が関心を集めたのだ。巷間には「水あめ缶に新旧１００円札束が詰め込まれ決済された」とのうわさが流れた。小切手あるいは手形で決済すると、現金化の際、強制預金させられ、以後引き出せないからだ。私も現役記者時代この話を聞いたことがあるが、詳細は知る由もなかった。

本稿執筆に当たって資料を丹念に渉猟していた時、業界紙「水飴新聞」関係者が「売買価格は約１０００万円」と断定していることを突き止めた。１００円札が最高額紙幣の時、１０００万円はぼう大な量。巨額の土地代金は、うわさ通り紙幣入り水あめ缶で現金決済された可能性は否定できない。だが現社長健は「全く分からない」と回答は避けた。

参考までに住友通信工業の前の所有者は鐘淵紡績（現カネボウ）。同18（１９４３）年、陸軍航空本部が半強制的に鐘紡岡山工場を立ち退かせ、レーダー部品を生産するため住友通信工業に５５５万円で購入させた。当時の敷地は約9万平方メートル。

終戦直後、連合国軍総司令部（ＧＨＱ）は財産税（富裕層から特別徴収した資産税）の実施、農地解放、労働組合の育成など次々と経済民主化の占領政策を指令、日本経済の先行きは混沌としていた。

一方、一郎の水あめ会社は注文に生産が追いつかず24時間操業の日々。全国の卸業者から集めた水あめ代金を預金すると、引き出しも思うようにできない。かといって土地など不動産は、ＧＨＱの政策いかんによっては将来が不安。どうすべきか。一郎は大胆にもすべての現金を土地に賭けたものと思われる。

●―カバヤのキャラメルで全国制覇

昭和21（1946）年12月、一郎は取得した岡山駅前の広大な焼け跡にカバヤ食品新工場を建設し、水あめを原料に「カバヤキャラメル」の生産を開始、空前のヒット商品となる。

食うや食わずの中でのキャラメル生産だったが、一郎には自信があった。「国民は甘いものに飢えている。必ず売れる」。戦後、キャラメルメーカーは50社が乱立したが、多くが消え去る中でカバヤ食品は明治乳業を抜き、森永製菓と肩を並べるまでの成長をみせた。

理由は2つ。第一は宣伝の巧みさ。カバの形をした宣伝車が全国を巡回、カバヤキャラメルは大人気となった。次に本物の子カバを水槽に入れて全国各地を回った。知名度はさらに高まり、売れ行きは急増したことは言うまでもない。いずれも一郎自身のアイディアである。

第二はキャラメル箱の中に入れられた点数カード（大当たり10点、カバ8点、ターザン2点、ボーイ、チータ各1点）を50点集めると、カバヤ児童文庫（全160巻）の1冊がもらえるというもの。これも一郎のアイディアである。

私も子供時代、乏しい小遣いでカード集めに熱中したが、ボーイとチータが多くて50点集められなかった記憶がある。

なおカバヤ食品については一郎の死後、同社株式をめぐって紛糾がおこり、健は昭和54（1979）年全株式をカバヤに譲渡、さらに平成元（1989）年同社敷地内で操業を続けていた同社との賃貸契約を解消した。カバヤは御津郡御津町野々口（現岡山市野々口）に移転し、現在、林原とは無縁の会社になっている。

●―林原美術館誕生の経緯

「歴史は勝者によってつくられ、デマは敗者によって流される」。終戦後から死去までの15年間、林原一郎の事業活動は　まさに〝天馬空を行く〟の感があった。それだけに一郎の活躍ぶりを傍観、チャンスを逸した側からはやっかみ半分のデマが流れた。

その第一は、旧岡山藩主池田家から貴重な文化財や資産を安く買い叩いたというデマ。一郎は終戦直後、現林原美術館所在地にあった池田邸をはじめ、岡山城の内堀、能衣装などを買ったことは事実。この経緯については元岡山商工会議所会頭工藤恒四郎（１９０５〜１９６８）が次のように語っている（「春雷のごとく」）。

岡山城二の丸対面所跡にある林原美術館。移築された長屋門が印象的だ＝岡山市丸の内

「池田さんの財産税は加賀百万石、尾張百万石より多く全国で22番目だった。正直に申告しすぎたと思われるが、このため財政的には非常に苦しかった。池田邸は岡山市内の有力者に購入を働きかけたがすべて断られ、やむなく林原さんに持ち込んだものだ。６００万円の言い値を７００万円で買い上げ、池田さんはその義侠心に感謝していた」。現社長健は、現存する契約書から「価格は７００万円でなく８００万円」と断言する。

一郎は池田邸を購入したもののさしたる目的はなかった。能衣装なども同様だ。「将来は美術館にでも」という構想を持っていたが、生前には実現しなかった。死後3年の同39（1964）年、健は「値がつけられない」といわれるほど貴重な所蔵品すべてを寄託、㈶岡山美術館（現林原美術館）を開館した。

国宝の太刀3点を含む日本刀、能衣装、陶磁器など一万数千点の逸品が、四季折々展示される。「文化財の散逸を防いだ点でも功績は大」と関係者の評価は高い。刀剣は一郎のコレクション。刀剣鑑定眼は若い頃から玄人以上と有名だった。

また、旧岡山藩主子孫の池田隆政は同28（1953）年4月、岡山市上伊福に池田産業動物園を開園した時も資金繰りに苦しみ、池田家所有の岡山城の内堀を買って欲しいと一郎に頼み込んだ。最初は岡山市に200万円で購入依頼し、あっさり断られた。県は「120万円なら……」と応じたがまとまらず、困った挙句一郎に相談、400万円で買いとった（太陽殖産名義）。この堀も同58（1983）年2月、林原創業百周年記念行事の一環として健が岡山市に寄付したことは記憶に新しい。

●——大胆にして細心、いやと言えない性格

林原一郎については、さまざまな人物評がある。いくつか拾い出してみよう。倉敷レイヨン社長だった大原總一郎（1909〜1968）は、一郎の死後山陽新聞に追悼文を寄稿している。

大原と一郎は旧制岡山一中の同級生。中学時代の思い出などを引き合いに「無邪気なお坊ちゃん気質とエネルギッシュな性格に反骨精神と冒険癖を残す夢多い実業家」と評しているが、的を射ているとは思えない。冒険癖を残す夢多い実業家とは、昭和32（1957）年春、世間を驚かせた九州・五島列島の〝宝探し〟を

指すのか。そうとすれば、一郎の善意を正しく理解していないといえよう。

一郎は一中時代、大原とは言葉を交わす機会はほとんどなかった。六高進学を目指して家庭教師を数人やとい、岡山の別宅から自家用車で送迎される秀才とは、うまが合わなかったようだ。

一郎の無二の親友は黒住教5代教主黒住宗和（１９０６～１９７３）。一中時代お互いに落第経験があり、また一郎は黒住の小事にこだわらないおおらかな性格に強く引かれ、肝胆相照らす仲だった。

黒住の博識は、国漢文を得意とする一郎もかなわず、黒住の話す賀茂真淵や本居宣長の話にいつも耳を傾けていた。４年生の時、二中との野球試合では黒住応援団長、一郎副団長のコンビで相手を圧倒し大勝した。二人の交友は生涯続き、世代が代わった現在も両家は親しい間柄。ただ黒住宗和の一郎評が見当たらなかったのが残念だ。

元中国銀行頭取守分十（１８９０～１９７７）は「細心の注意力と大胆さを備え持ち、決断力と実行力は抜群」と評する。水あめ原料のでんぷんは、林原の買い付け量が相場を左右するほどその存在は大きかった。一郎は政府在庫、消費、生産状況を綿密に調べた後、果断な買い付けをした。「相場見通しが狂ったことがない」と守分は舌をまいている。

現在、林原グループが中国銀行（資本金１５１億円）株の10％以上を所有する大株主であることは周知の事実。同行は今でこそ地方銀行屈指の優良銀行だが、終戦直後は多額の不良債権を抱えていた。

戦後この処理のため資本金２０００万円を２００万円に10分の１減資し、同23（１９４８）年までに１億２０００万円に再増資した。この過程で既存の株主は一新され、曲折を経て同29（１９５４）年には林原グループが１割以上を所有する筆頭株主になり、今日に至っている。再建整備に努力する同行からの要請に応え、一郎がここでも義侠心を発揮、同社株を購入したのが実情だ。

●――父を反面教師とした現社長健

ビジネスについての一郎は天才的な鋭さがあったが、でんぷん技術者としての知識、技量も高く評価されていた。明治41（1908）年7月生まれ。岡山一中から大阪商科大高商部を卒業後、京都帝大工業化学教室ででんぷんの糖化技術を1年間学んだ。家業の水あめ生産を継ぐためである。

祖父克太郎が明治16（1883）年、現岡山第一工場のある藤野町に「林原商店」創業。昭和9（1934）年2代社長保次郎の死去に伴い、一郎は勤務先の満州から急遽帰国、3代社長に就任した。同10（1935）年、京大で学んだ成果を生かした酸麦2段糖化法で苦味の少ない画期的な水あめづくりに成功、「太陽印水飴」は販路を国内だけでなく、中国大陸に拡大するほどの活況を見せた。

その一郎が死去してすでに45年。慶応大在学中に社長に就任した健の在任期間は、すでに一郎よりはるかに長い。

健が社長に就任した頃のブドウ糖業界は供給過剰が表面化、経営的に最も苦しい時期だった。健は独創的な研究開発型企業に大きく舵を切り替えた。一郎のモーレツ型を反面教師としたように思える。手間ひまのかかるでんぷんや微生物の研究に地道に取り組んだのだ。この頃、前途に見切りをつけて、多くの研究者、社員が去り、健は「歯を食いしばる毎日だった」と回顧する。

昭和40年代になると、世界の注目を集める研究成果を次々に発表、専用工場も建設、相次いで商品化した。マルトース、マルチトール、プルランなどである。抗ガン作用のあるインターフェロンやトレハロースの量産技術開発で世界的な名声を不動のものにした。

最近では岡山駅前一等地の「ザハヤシバラシティ」第1次プランとともに「類人猿研究センター」（玉野市出崎）や恐竜博物館構想が話題を呼ぶ。

健は一郎の〝遺志〟を受け継ぎ、また弟で専務の靖も協力、でんぷんを原料とする水あめ、ブドウ糖メーカーをバイオテクノロジー（生命工学）企業に変身させ、社名をワールドワイドにした。

林原グループは現在15社。株式会社林原（資本金１億円）のほか林原商事、林原生物化学研究所など関連企業10社、ほかに林原美術館などメセナ事業法人３社、海外法人１社である。林原本社の売上高は２６０億８９００万円（平成17年10月期）、グループ全体では約８００億円。

（06年5月号）

＊参考文献　「春雷のごとく」（秋吉茂著）、「独創を貫く経営」（林原健著）、「林原一郎伝」（松本重太郎著）、「日本電気株式会社百年史」（日本電気社史編纂室編）、「岡山県史　現代Ⅰ」（岡山県史編纂委員会編）、「中国銀行五十年史」（中国銀行五十年史編纂委員会編）、「企業と人　21世紀創造」（山陽新聞社編）、「岡山県歴史人物事典」（同）

リョービ初代社長　浦上　豊

「信義」と「気配り」の創業期秘話

●──元岡山市長岡崎平夫の「命の恩人」

元岡山市長岡崎平夫（1909〜1993）は生前、「私には命の恩人がいる。終戦直後、その人の援助があったからこそ今日の私がある」と気心の知れた友人によく話していた。

岡崎が「命の恩人」と終生恩義を感じていたのが、広島県府中市のダイカストメーカー、株式会社菱備製作所（現リョービ株式会社）創業者、初代社長浦上豊（1909〜1972）である。（ダイカストとは、溶かしたアルミ合金を、精密につくられた金型に高速、高圧で注入、瞬時に成形する技術、製品をいう。主として自動車、家電、OA機器、産業機械などの部品に使われる）

岡崎と浦上は、旧制広島県立府中中1期入学の同級生で、親しい仲だった。浦上は日本大から実業界へ。岡崎は徳島高等工業卒業後、大阪市水道局に就職したが応召、ボルネオで終戦を迎えた。帰国を待つ間に直腸ガンを2回も手術、昭和21（1946）年6月病院船で広島・宇品に帰国、担架に乗せられたまま広島・大竹の病院に直行、のち福山に転院した。

「社会が大混乱の中、ガン再発の不安を抱えた身に職はなく、全く途方にくれた」と岡崎は自著「愚直人生らくがき帖」で回想している。その時、親身になって相談に乗り、援助したのが浦上である。

その頃、浦上の菱備製作所は軍需こそなくなったが、アルミ塊を原料にナベ、カマ、スプーンなどを生産していた。浦上は、やつれはてて訪ねてきた岡崎に「元気を出せや。うちの品物を売って一旗あげろ」と自社製品を格安で譲り、岡崎はとりあえず1週間、近くの神社の秋祭りに戸板3枚の露店を出した。浦上は岡崎を何度も訪ねて商売のコツを教え、励まし続けたという。

「あの時の商売で人間的に鍛えられたが、何よりも浦上の援助で糊口をしのいだ」と岡崎。この後も岡崎は浦上からアルミ製品を仕入れて、元の職場の友人らに売り歩いた。浦上の援助は1年近く続いたというが、詳細は分からない。

岡崎は翌22（1947）年6月大阪に水道工事会社を設立、のち吹田市水道部長に転職。岡山市水道局長を経て昭和38（1963）年5月岡山市長初当選以来、連続5期20年在任、都市基盤、生活基盤整備などに数々の実績を残した。同54（1979）年から2期4年間全国市長会会長も務め、今なおその業績への評価は高い。

●—菱備製作所のスタート

菱備製作所創業者の浦上は、義理堅く人情に厚い苦労人で知られる。

明治42（1909）年7月生まれ。府中中を卒業後、東京株式取引所に就職するとともに、日本大専門部にも入学。生き馬の目を抜く兜町でみっちりと経済の裏表を勉強した。

その後、東京に友人と工具やベルト販売の会社を設立したが、苦労が多かったと伝わる。

昭和18（1943）年秋ごろ、三菱電機福山工場（現福山製作所）が航空機部品の協力企業を探していることを耳にした。故郷での再出発も考えていた浦上には、〝渡りに舟〟だった。34歳の時である。

浦上　豊

広島県芦品郡岩谷村（現府中市目崎町）に、醤油蔵を改造したダイカスト工場建屋が完成したのは同18（1943）年12月16日。翌年2月11日には火入れを行い、第1号製品を三菱電機に納入した。資本金19万円。社名は三菱の「菱」と備後の「備」からとった。役員はすべて身内に頼み、社員7人だった。

三菱電機福山工場からの安定発注があったのもわずか1年余り。同20（1945）年8月の終戦とともに軍需は途絶、9月には風水害で工場は2メートルも冠水、被害額2万6946円の記録が残る。この期（昭和20年6月1日〜11月30日）の生産額は15万3000円だから、その被害の大きさが分かる。だが浦上は屈せず、工場は1日も休まなかった。

●—金型づくりの独自技術開発で躍進へ

浦上はアルミ塊を原料にナベ、カマなどの生産を開始。さらに製品は安全かみそりのホルダー、家具、建具の引き手、戸車と多様化、電気部品、車両部品なども受注した。岡崎が訪ねてきたのはこのころと思われる。同22（1947）年には安川電機、東洋工業（現マツダ）、三菱重工、三菱電機など大手企業と取引を開始、経営は軌道に乗り始めた。こうした中で三菱電機福山工場から受注した積算電力計の文字車では、発注者が感嘆するほどの優れた出来ばえ。同社が初めて取り組んだ独自の金型づくりの成功だった。

浦上は、熟練した技術者がいなければ金型工場は成立しない、という業界のジンクスに挑戦していた。「作業を標準化すれば見習い工でも金型は作れる」という信念の成功でもあった。同社発展の原点はこの時の金型製作技術とされる。

浦上自身、社員とともに東京に何度も足を運んで技術指導を受けた。残業する社員に夫人が手づくりの夜食をたびたび届け、労をねぎらった話は有名。社内には家族的な雰囲気が醸成されつつあった。社内の風通しをよくするため、家族ぐるみの懇親会などもたびたび開いた。

戦後の経済民主化の中で、昭和22（1947）年9月同社にも労働組合が結成された。第1回団交は、工場内でストーブを囲み、焼きいもをかじりながらの交渉だった。浦上は仕事の上では、超ワンマンだったが、社員の意見にはよく耳を傾けた。ボーナス要求額1・5カ月に2・5カ月を回答したこともある。

悪性インフレの進行で全国的にはストが頻発したが、同社では皆無。給料が現金支給されていた時も、各課責任者が一括受領の判を押すだけ。タイムレコーダーは今でもない。社員を信頼する伝統は生きているのだ。

●—浦上の恩人は三菱電機福山工場長

浦上が全く無名の頃、経営者としてのすぐれた資質を見抜いた人も多い。初めて航空機部品を発注した三菱電機福山工場長渡辺静三郎（当時）は、その一人。

昭和18（1943）年三菱電機が協力企業を探していることを知ると、浦上は渡辺を何回も訪ね、協力企業になることを懇請した。当初聞き流していた渡辺は、その熱意と人柄にほだされ、「ほとんどの協力企業は決まっている。ダイカストではどうか？」と応じた。「ダイカストって何ですか」と全く初歩的な質問にはじまり、あれこれ熱心に質問する浦上を、渡辺は嫌がるどころか「気宇闊達《きうかったつ》にして意志強固な人物」と感じたという。

「よく研究して1週間以内に返事をする」という慎重な態度がさらに渡辺の好感を呼んだ。後年、渡辺はこのいきさつを「忘れがたい思い出」として話している。浦上には初対面の人を、惹きつける資質があったのだろう。

創業当初、設備は手動式鋳造機2台だけ、旋盤もボール盤もなかった。金属はやすりで切った。ネジ切り、穴あけは近くの鍛冶屋に駆け込んだ。ダイカスト鋳造の金型さえなく、東京で仕入れた金型を抱くようにして持ち帰った。途中空襲に遭い、列車の下にもぐりこんだこともある。

最初の受注品を三菱電機に納入した時、渡辺はその出来ばえにことのほか満足したという。浦上の立派な恩返しでもある。金型受け取りには社員も交替で上京したが、東京見物をさせる気配りも忘れなかった。

●――中国銀行守分十もバックアップ

浦上の義理堅さを物語るのが、元中国銀行頭取守分十（１８９０～１９７７）との逸話である。太平洋戦争末期の昭和20（１９４５）年3月以降、米軍の空襲は主要都市を次々と焼け野が原にし、関西以西で焼け残ったダイカスト生産企業は、菱備製作所だけになった。軍は三菱電機を通じて大増産を要請してきた。いやとはいえぬ至上命令だった。

浦上は当然要請に応じたが、設備増強には50万円もかかることが分かった。当時、同社は資本金19万円で発足したばかり。資本金の2倍以上もの資金が調達できる目途は全くなかった。それでも資金計画書に陸軍、海軍、軍需、大蔵各大臣、日銀総裁の判はもらった。だが、どの金融機関も首を縦に振らない。関係官庁が認可しても、操業直後の町工場の返済能力が疑問視されたのだろう。

だがその時、中国銀行が融資に応じた。当時、同行頭取は朝鮮銀行副総裁から就任した公森太郎。守分十はこの時専務だった。業務に精通していた守分が、浦上の人柄を信頼、融資許可の勇断をしたものと思われる。

それを裏づけるのが浦上の1周忌に発刊された「追想録」だ。守分は一文を寄せ「菱備製作所の業況には創業以来関心があった。浦上さんとも30年の交友」と述べ、志半ばで死去した畏友の死を惜しんでいる。

浦上はこの時の守分の温情を生涯忘れなかった。日本一のダイカストメーカーに成長、さらに業容拡大、国際化の進展に対応して、大手都市銀行との取引も始まったが、中国銀行は依然メイン銀行のひとつとして今日に至っている。

●—町工場から業界トップに

三菱電機の積算電力計受注で金型完全自給体制を確立してからは、浦上の強気の経営戦略は高度成長にうまく乗り、驚異的な発展をとげる。その戦略には「業界初の」という形容詞がつく。主なものを列挙しよう。

*昭和29年　プラスチック分野に進出
*同30年　山陽光学精工を設立、カメラ、プロジェクターを生産。ダイカストを素材とした最終商品づくりを始める
*同32〜33年　大型油圧式鋳造機（ビューラー社製）5台導入。業界トップメーカーに
*同35年　広島証券取引所に上場
*同36年　東京、大阪証券取引所2部上場、小型印刷機の製造販売
*同37年　東京、大阪証券取引所1部上場
*同38年　ドアクローザの製造販売
*同41年　釣り用リールの製造販売
*同43年　電動工具の製造販売

昭和32（1957）年には、早くも業界トップに躍進した。創業14年目、浦上48歳の時である。さらに、蒲原工場（現静岡工場、昭和37年）、続いて三良坂工業（現リョービミラサカ）、御調工業（現リョービミツギ）の相次

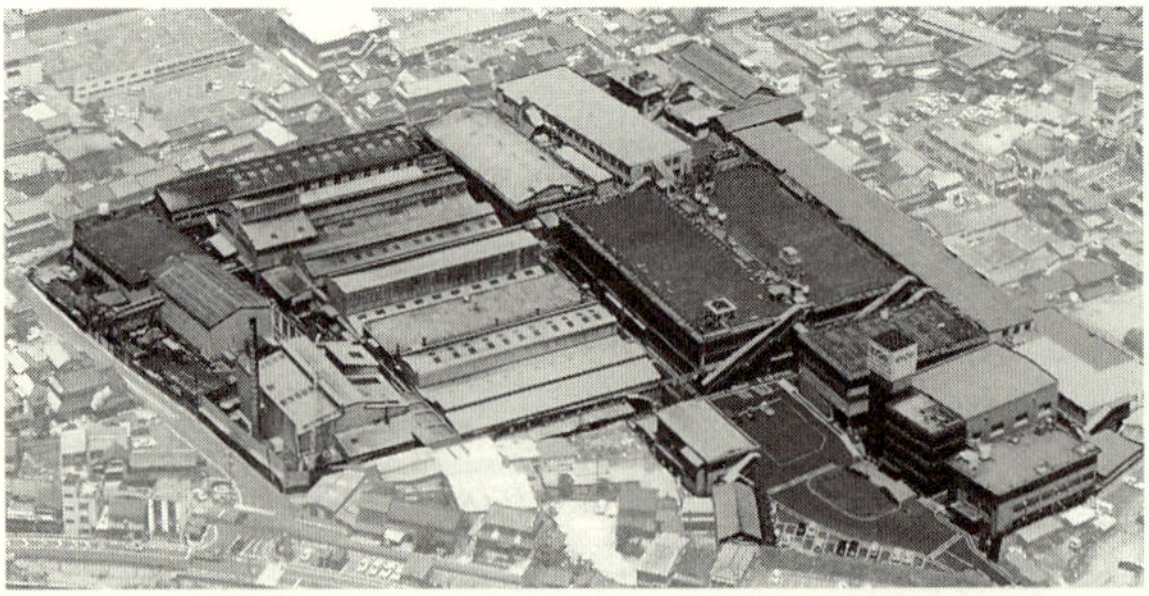

業界をリードする本社・広島工場＝府中市

ぐ操業開始（いずれも同41年）で、ダイカストを基盤に関連製品分野への拡大路線をひた走る。戦後の激動期から高度成長の30年間、菱備製作所は驚異的な発展を続けた。

「熟慮断行に加え先見性と創造性にすぐれ、いったん決心すると、軸足のぶれない不退転の信念。経営者としてのすぐれた資質が業界トップメーカーに押し上げた」と浦上を知る人は賛辞を惜しまない。だが、そのサクセスストーリーが多くの人を感動させるのは、信義を重んじ、顧客、友人をはじめ社員らにも思いやりを忘れず、真摯な態度で接し続けた人柄にあるのではないか。無類のゴルフ好きだったが、パートナー、キャディへの気配りも格別だったという。この態度は終生変わらなかった。

浦上は同47（1972）年7月、62歳で死去した。創立30周年直前だった。醤油蔵を改造してスタートした町工場は、資本金25億円、年間売上高200億円余、社員1700人の業界トップメーカーに成長、精密で高度な金型、成形技術による製品づくりで自動車業界、電気製品業界で高い評価を確立していた。

浦上は、若い日の苦学体験から育英事業にも熱心だった。昭和45（1970）年財団法人浦上育英会（現浦上奨学会）を設立、経済的に恵まれない学生への支援を始めた。

死後は、遺族が浦上所有株式の大部分のほか、弔慰金の多くを育英会に寄贈、全国屈指の資金量を持つ団体として今も活発な活動を続ける。毎年40〜50人の大学、高校生に奨学金を貸与、最近では、対象を大学院生、外国人学生に移している。これまでの受給者は760人を超える。

●——挫折を乗り越え、世界企業への発展

浦上豊の突然の死後、後を継いだのは長男の浩。取締役から一足飛びに社長に就任した。当時、東証1部

上場企業の中では最年少の36歳だった。

経済界、地元が注目する中で、新社長の打ち出した戦略は斬新だった。先代の「熟慮断行」に対し、浩は「積極果敢」を全社員に呼びかけた。「創業者の経営方針を踏襲、ダイカスト部門を一層発展させながら、完成商品部門のウエートを高める」とする一方で、「失敗を恐れず進取の精神で仕事に取り組め」と檄を飛ばした。

それから30年余、同社はさらに画期的な変貌と驚異的な発展を続けた。まず取り組んだのが創立30周年を機に「リョービ株式会社」への社名変更（昭和48年9月）。翌年にはTVなどで積極的なPR活動もスタートした。同50（1975）年には新しいシンボルマークとロゴタイプを発表、新生リョービのイメージは広く、深く浸透した。

「この時はちょうど、第1次石油危機の真っ最中、厳しい経営環境で社内には慎重論もあったが積極果敢に進めた。社名の浸透は進み大成功だった」と浩は回顧する。平成6（1994）年には、コーポレートロゴを鮮やかな赤色のRYOBIに変更。今では都内の男性ビジネスマンの90％弱、首都圏男女（18〜69歳）の3分の2が認知しているという（日経企業イメージ調査）。

海外戦略はもっと積極的だった。浩が社長に就任した昭和47（1972）年は、前述のように資本金25億円、売上高200億円余だった。21年後、創立50周年の平成5（1993）年の資本金は184億円、売上高は約1300億円で6倍強の成長。国内グループ企業は18社、海外には米欧などに23社も展開した。この間、浩は社団法人日本ダイカスト協会会長に就任、父に続いて平成10（1998）年藍綬褒章を受章した。

だが、それからの10年間、バブル経済の崩壊、超円高の進行、金融危機に加え、GDPのマイナス成長と企業環境は激変、浩は厳しい決断を幾たびも迫られる。

特に平成12（2000）年は売上高（単体）1174億円と低迷する中、経常利益19億円、当期損失370億円になり無配転落。「経営健全化計画」という名の大手術を始めざるを得なかった。同11（1999）年の早期退職優遇制度の導入に始まり、翌年には中枢役員の退任と降格、東京本社ビルの売却、海外の園芸用機器、電動工具事業などのほとんどを譲渡、釣具部門も譲渡、ゴルフ用品からは完全撤退。グループ企業は現在、国内14社、海外8社になった。「まさに地獄をのぞき見た思い」と浩。

経営健全化計画が終了した同16（2004）年6月、浩は32年間務めた代表取締役社長を退き、代表取締役会長に就任、一族外の取締役吉川進が社長に昇進した。

「新生リョービは、ダイカスト、印刷機器、住建機器に経営資源を投入、この平成18（2006）年3月期決算では、連結で売上高1712億円（前期比8・4％増）経常利益134億円（同18・6％増）当期純利益86億円（同31・2％増）。配当も年2割に増配した。今後も新たな成長を目指す」と浩は結んだ。

（06年8月号）

＊参考文献　「リョービ50年史」（創立50周年記念社史編纂委員会編）、「リョービ近10年のあゆみ」（リョービ株式会社編）、「浦上豊追想録」（追想録編集委員会編）、「愚直人生らくがき帖」（岡崎平夫著）、「府中人物伝　上」（杉原茂著）、「広島県大百科事典」（中国新聞社編）

ベネッセコーポレーション初代社長　福武哲彦

倒産から驚異の躍進、そして日本一に

●――絶頂期に〝壮烈〟な最期

「今日の社長は一段と気合いが入っている」。その日昭和61（1986）年4月25日、岡山市高柳の本社に出社した㈱福武書店（現株式会社ベネッセコーポレーション）社長福武哲彦（1916〜1986）に、順次、業務報告をする幹部は、社長の高ぶりをいちように感じていた。

当然である。哲彦は前日の24日午後、丸半日かけて70人以上の幹部と個別に懇談、社の新年度方針の徹底とそれぞれの担当業務について助言を行い、また温かく激励もした。東京支社の幹部にはテレビ会議で諄々と諭し、大阪など他の支社長には個別に電話で説明した。前日の張り詰めた気持ちの残影が、「気合い」と感じられたのか？

同社は創立31年のこの年を〝新生福武元年〟と位置づけていた。「教育とその関連分野を基幹に、出版、ニューメディア部門の充実」を目標に、21世紀への進路を明確化した3カ年計画を策定したばかり。全社員一丸となって「世界の福武」を目指そうとしていた。

哲彦はこの日、午後1時半から約2時間、岡山市内で「新時代の経営者」のタイトルで講演をした。

「人生の主役は自分であり、人生＝熱意×努力である。人並み以上に努力しなければ、何事にも成功しないし、運もやってこない。運は自分で呼び込むものだ。何に努力するかといえばもちろん本業である。私は武者小路実篤の『この道より我を生かす道なし、この道をゆく』の気持ちで頑張ってきた。使命とは命を使うと書く。この気持ちがなければ、企業は発展しない」

自らの人生体験をふまえながら、哲彦が熱っぽく語った経営哲学は、聴衆に大きな感銘を与えた。これが、公の場での最後の言葉になろうとは、この時誰が思っただろう。

本社に帰って会議で挨拶をし、廊下に出た途端、胸を押さえてその場にしゃがみこんだ。午後4時15分だった。救急車で岡山市内の病院に運ばれたが、2時間後に帰らぬ人となった。70歳、急性心不全である。余りにも突然の死に全社員は茫然自失、得意先にも地元経済界にも驚愕と衝撃が走った。

福武哲彦

辛酸をなめた昭和29（１９５４）年の倒産からフェニックスのようによみがえって30年余、福武書店はこの年（昭和60年度決算）売上高５１９億８０００万円、税引前利益74億７０００万円、資本金3億円、ドル箱の進研ゼミ会員は90万人を突破。教育、受験産業の先輩企業・旺文社（東京）の売上高約２００億円をはるかに凌駕《りょうが》、断トツで日本一に躍進していた。この30年間、哲彦の強力なリーダーシップと絶えざる挑戦の成果であった。

●―辛酸をなめた倒産

　時計の針をこれより31年前に戻す。昭和29（1954）年7月21日、岡山市上伊福の細い路地の一角、木造2階建て「㈱富士出版社」の応接室は殺気立っていた。「富士出版倒産」のニュースを聞きつけ、債権者が押しかけたのだ。同社は哲彦が4年前の同25（1950）年5月設立した。

「福武書店30年史」によると、「面責、怒号、懇願、慰め、脅しなど筆舌に尽くしがたい光景が展開された」という。「昨日まで『社長、社長』と奉っていた人が、『おい、こら』『こら、福武』に一転した」とも記述している。蜂の巣をつついたような騒ぎの中で、債権者は用紙の抵当権争い、売掛金差し押さえに狂奔し、電話まで持ち去った。

　哲彦は、家財道具、衣類をはじめ、金時計やカメラ、夫人の指輪も差し出した。「残ったものは、着ていた背広とボロ自転車1台、それに飯台と鍋釜だけ。この世の地獄を見た。新聞の自殺記事ばかりが目につき、いっそ死ねばどんなに楽なことか。鉄道自殺か、船からの投身か。そんなことばかり考えたこともあった。だが、死ぬのは卑怯者のすること。じっと耐え忍んだ」と回想している。

　哲彦は耐えに耐えた。1カ月後の債権者大会では「損害は再建して必ず返済する。しばらく時間をいただきたい」と率直に詫びた。私財を提供してまで返済に尽くす態度も好感された。無一文になったが、この日をもって倒産整理の山場は越えた。以後は夫人のピアノレッスン月謝に頼る日々。哲彦38歳、働き盛りの年齢での失職だった。

●――教職嫌いが教員生活で得たもの

哲彦は大正5（1916）年1月、吉備郡日近《ひじかい》村（現岡山市日近）に生まれた。父はのち小学校校長、母も小学校教師の教育一家。哲彦は地元の小学校卒業後、岡山県師範附属小高等科から当然のように、同師範本科に進んだ。入学試験の成績は2番だったが、「卒業時の成績はビリから2番」と明かしている。

両親の強い勧めもあっての進学だったが、時局が戦時色を強める中、規律で縛り上げる教育体制、特に配属将校がわが物顔に振る舞う態度に我慢がならなかったようだ。5年生の頃は学校にはほとんど顔を見せず、成績は下がる一方。卒業式前夜、高歌放吟《ほうぎん》が配属将校に見つかり、厳重にお灸《きゅう》をすえられるおまけまでついた。

「師範時代は挫折した無念の思い出ばかり」としているが、大きな収穫がひとつだけあった。心酔していた恩師が転任した東京商科大（現一橋大）商業教員養成所を目指して始めた英語の猛勉強だ。通信添削が教師代わり。成績優秀者は金、銀メダルがもらえ、また受験者に成績順位が通知され、テストのとりこになった。「この体験が進研ゼミの発想につながった」と後年打ち明けている。

進学を断念、両親の希望通りに教師になったのは、昭和10（1935）年4月。勤務校は上房郡大和村（現吉備中央町）の大和小学校。近くの国鉄吉備線の駅まで10キロ、自転車か、歩く以外に方法はない辺地だった。

それだけに子供は純真そのもの、若い哲彦に大変なついた。型にはまらず、勉強に興味を持たせる哲彦の教育は、父兄の評判も良かった。「子供ってこんなに可愛いのか」。哲彦にも大きな収穫があった。教育への熱き思いに目覚めたのだ。「この時の経験も進研ゼミに取り組む動機になった」という。

●―戦後、無一文からの出発

哲彦はこの後、岡山市内小学校に転任、さらに太平洋戦争中は満蒙開拓青少年義勇軍を率いて渡満。各地開拓村の慰問、激励の仕事なども経験するが、終戦ですべて振り出しに。戦後の混乱の中、教職には戻らず裸一貫で生きる道を選択した。自分の力を試したかったのだ。30歳の時である。

人脈を頼りに「もうけ話なら何でも」とブローカーのような仕事を始めた。衣類、野菜のほか、石鹸、ろうそくなど手当たり次第仕入れては売った。岡山市の西川沿いにアイスキャンデー屋も出した。下駄製造工場にもかかわった。運動靴販売の協同組合も設立した。生きるための必死の商いだった。

昭和22（1947）年、岡山市城下（現岡山市表町1丁目）の一角、猫の額のような9坪（約30平方メートル）を借り、わずか3日で片流れ2階建てのバラック店舗を建てた。無論違法建築、市からはきつく叱られたが、始末書などを出すうちにうやむやになった。

「福栄書店」の看板を出し、岡山市の老舗書店細謹舎から委託された書籍、雑誌に加え、文房具、雑貨などの販売を始めた。最初の持ち家店舗である。一家5人は2階で生活した。

同24（1949）年、小中学校のワークブックなどを発行する地元出版社に役員で迎えられた。出版業界と初めてのかかわりだったが、保守的、消極的な経営方針が合わず、自分で教育出版業を起こすことを決意、1年弱で退社した。

●—教育出版業にデビュー、そして挫折

昭和25（1950）年5月、岡山市上伊福に「㈱富士出版社」を設立して教育出版業界に参入した。ワークブックなどの学習参考書発行と同時に、「企画で勝負し、重厚で価値ある出版を手がけ、会社と自己の存在を世に問う」という高い目標も掲げた。

中学、高校用の「岡山県現勢図集」全3巻など大型企画は同社の評価を高めた。また同26（1951）年4月から新しい検定教科書に対応した小学生用のワークブックなどを学期ごとに発行、「どこの出版社もまだ手がけてなく、飛ぶように売れた」（「福武書店30年史」）。勢いに乗った哲彦は中四国、九州に販売網を張りめぐらし、強気の販売政策をとった。

だがすぐ裏目が出た。売上金の回収が目立って滞り、次第に資金繰りが苦しくなった。同28（1953）年後半には友人、親戚などあらゆる人脈を頼って借金を重ねた。「明日には返す」「今日1日だけ貸して」まで追い込まれ、挙句の果て同29（1954）年7月ついに不渡り手形を出し倒産。当日の混乱振りについてはすでに述べた。

この年は哲彦にとって、厳しくつらい1年だった。資金繰りに追われた末の倒産。地位、資産すべてを失った。家屋も競売にか

福武書店は事務所兼住居の門長屋（右の建物）からスタートした

けられ、文字通り無一文。岡山市南方（現同市南方3丁目）の夫人の実家の門長屋4畳半が親子5人の生活の場となった。

●―奇跡の再生から業界トップに

東京在住の友人から上京を促す誘いもあった。しかし「上京は夜逃げだ。『倒産した福武』のイメージを逆手にとり再挑戦する」と決意、翌30（1955）年1月28日、39歳の時、4畳半の門長屋を本社に株式会社福武書店（資本金25万円）を設立した。この日は苦労をかけた夫人の誕生日、社名には自戒の念もこめた。

この年「高校入試筆記問題集」「年賀状の見本集」「職場手帳」を売り出したところヒット、わずか4カ月間で純利益60万円になった。高卒初任給3000円の当時、この収益は大きく、哲彦が自信を取り戻すきっかけになった。

哲彦の念頭にあったのは、模擬試験や添削テストの全国展開による経営の安定。旺文社が圧倒的なシェアを誇っていたが、その一角に斬りこむという雄大な構想である。県下の高校関係者にアプローチ、挑戦と挫折を4回も繰り返した末、社内に高校生向け「関西進学研究会」を設けたのは同37（1962）年。高校生対象に発行した「関西模試」は、熱心な営業活動で次第に知名度が高まり、同39（1964）年には受注部数10万部を突破するまでになった。

同44（1969）年に高校生向け通信添削講座「通信教育セミナ」、同47（1972）年には中学生向け「通信教育セミナ・ジュニア」も開講、〝進研ゼミの福武〟（同48年名称を「進研ゼミ」に統一）を全国的に確立した。哲彦の長年の念願はやっと結実したのだ。

以後、進研ゼミは同社のドル箱商品となり、売上高、利益とも創業20周年の昭和50（1975）年ごろから飛躍的な発展を続け、数年後には、大先輩の旺文社を追い抜き、日本一の座を確保したことはよく知られる。

哲彦は飛躍の原因を「ツウ　ウエイ　コミュニケーションの勝利」と分析する。「これまでの通信添削は採点者の一方通行、心の交流がなかった。当社は子供との心のふれあいを大事にした。大和小学校時代の生徒とのふれあいがヒントになった。激励や感想のコメントをつけるばかりでなく、雑誌や参考書を送り、生徒の悩みを聞くSOSカードまで作って心の交流を大事にした。これが、生徒の心をつかんだ」（『福武書店30年史』）。

●──總一郎社長の登場

昭和61（1986）年には世界企業を目指す3カ年計画がスタート。その矢先、哲彦は急逝、長男で副社長の總一郎が社長に就任した。

總一郎は、少子高齢化など時代の変化に対応、その活躍は哲彦以上に注目を集めた。岡山市南方に14階建て新本社ビル完成（平成2年）に続いて、社名をベネッセコーポレーションに変更（平成7年）、東証1部上場（同12年）、さらに直島プロジェクトの推進、介護事業分野への進出などの新機軸を相次いで打ち出した。

一方では、哲彦がこだわりを持っていた大型出版からは撤退、新人作家の登竜門として好評だった月刊文芸誌「海燕」（昭和57年1月創刊）もあっさり休刊した。

ベネッセは現在「教育」「語学」「生活」「介護」を4本柱とし、總一郎は代表取締役会長兼CEO。資本金136億円、社員約2400人。平成18年3月期は連結で売上高3337億円（前期比14・5％増）、経常利益294億円（同7・1％増）、純利益160億円（同12・2％増）と順調。語学教育の老舗・ベルリッツを完全子会社化したほか香港、韓国などにも子会社を展開するが、進研ゼミ会員は平成12（2000）年をピークに伸び悩みが続き、今後の舵取りが注目される。

●—福武コレクションに見る審美眼

「福武コレクション」は、哲彦が文化人としても、一流の審美眼を持っていたことを物語るものであろう。特に、岡山が生んだ不世出の画家・国吉康雄を、その作品収集を通じて広く世間に知らしめた功績は大きい。昭和57（1982）年10月30日から5日間、天満屋岡山店開店70周年を記念して同店で開かれた「郷土の生んだ国吉康雄とその時代の画家たち展」は、わずか5日間に1万4000人が訪れるという賑わい。多くの美術ファンは国吉作品の充実したコレクション（140点）に感嘆の声を上げ、また哲彦の美術に対する造詣の深さを再認識した。

哲彦が国吉にのめりこむのは昭和54（1979）年から。大阪の画廊でたまたま目にした「化粧」など独特の哀愁を漂わす作品に魅了され、その場で6点を購入した。以後、国吉を中心に郷土作家の代表的作品の収集を始めた。

「ツウ　ベイビイ」「自画像」「くつろぎ」など国吉の作品が次々と購入され、コレクションは充実していった。この頃、岡山市高柳本社のラウンジを中心に廊下、食堂、研修室にさりげなく多数の名画が展示され、初めての訪問客を驚かせた。私もその一人である。

〝廊下の美術館〟は口コミで広がり、美術ファンばかりでなく、近所の人、社員の友人、家族らの鑑賞客も増え、岡山市南方に高層の新本社ビルが新築された平成2（1990）年、2階に「国吉康雄美術館」が開設された。同15（2003）年3月、これらコレクション570点が岡山県に寄託されたことは記憶に新しい。

（06年9月号）

*参考文献　「福武書店30年史」（福武書店30年史編纂室編）、「福武の心」（福武哲彦著）、「企業と人　瀬戸大橋時代を生きる」（山陽新聞社編）、「企業と人　21世紀創造」（同）、「岡山県歴史人物事典」（同）、「岡山県大百科事典」（同）

倉敷化工創業者　秋山政彦

改革へたゆみない挑戦の生涯

●――人生哲学は「雪中の松柏」

防振ゴムメーカー、倉敷化工（倉敷市連島町矢柄）の創業者秋山政彦（1922～2005）が亡くなって2年余。多才、異能の経営者は岡山経済界きっての論客だった。本来は化学エンジニア、防振ゴムの権威者である。経営者としては、無気力、マンネリを極度に嫌い、技術革新と工場管理の新手法を率先して実践、同社を岡山県下屈指の優良企業に育て上げた。

岡山経済同友会代表幹事4年、続いて岡山県経営者協会会長11年、ここでも前例にこだわらず、組織の活性化を積極的に進めた。

自らには厳しすぎるほど高い目標を課し、絶えざる挑戦を続けることを信条とした。その真摯な姿勢は、青春時代に心酔した東京帝大教授、皇国史観で著名な平泉澄《きよし》の主宰する青々塾に起因する。

雪中の松柏　愈《いよいよ》青青として、
綱常を　扶植するは　この行に在り

天下久しく　襲勝の潔き無く
人間　何ぞ独り　伯夷のみ　清からんや
〈以下略〉

南宋末期の詩人・謝枋得《しゃほうとく》（１２２６〜１２８９）の「初めて建寧に到りて詩を賦す」の冒頭である。謝は元が南宋を侵略した際、福建・建寧の山中に隠れたが見つかり、元の首都大都（現北京）に移送されたため、断食して死を選んだ忠烈の詩人。

秋山は、謝枋得の生き様と「建寧に到りて」の「雪中の松柏愈青青」を、みずからへの励ましのむちとしていた。現在、「雪中の松柏」は困難な環境にもめげず、節度を失わないことの代名詞として使われる。

意志堅固で節操の変わらぬたとえに「松柏之操」という言葉もある。孔子の論語にでてくるが、吉田松陰の「孔孟劄記」も愛読書のひとつだった。同社の社内報「青雲」の題名も、風雪に耐える松柏のイメージから、困難に打ち勝ち、繁栄を願って秋山が名づけたものだ。

秋山政彦

秋山は金沢高等工業（現金沢大工学部）在学中、当時、志ある学生がそうであったように「青々塾」に傾倒した。戦後、皇国史観は否定されたが、「雪中の松柏」を信条とする人は多い。秋山は地元紙、専門紙の取材を受ける機会は多かったが、「雪中の松柏」については、ほとんど語らなかった。人生経験も価値観も異なる若い記者を理解させることはむずかしい、と思っていたのだろう。

●—42歳で果断な転進

倉敷市街地の南西約15キロの倉敷市連島町矢柄地区。田園と新興住宅が混在する同地区のど真ん中に広大な工場群がある。敷地面積約9万平方メートル、本社、工場などの建て面積合計約5万6000平方メートル、秋山が半生を捧げた倉敷化工である。資本金3億960万円、売上高240億円、社員685人（平成19年3月時点）。自動車用防振ゴムではトップクラスの企業だ。

秋山は自他共に認める〝倉敷化工創業者〟であるが、若干の解説が必要だ。

倉敷化工の前身は「マツダ部品工業」。昭和39（1964）年3月、東洋工業（現マツダ）の協力会社で、防振ゴム生産専門メーカーとして設立された。資本金1000万円。社長は東洋工業専務が兼任。常勤役員は常務・支配人として中国銀行OBだけ。社員96人でスタートした。

現在地に約1万7000平方メートルを確保して約6000平方メートルの工場を建設、翌40（1965）年2月には初荷を送り出した。マツダ部品工業設立時、秋山は東洋工業社長松田恒次らとともに設立発起人に名を連ねているが、この段階ではまだ経営に参画していない。

当時、東洋工業はマツダ三輪トラック、軽自動車クーペの販売が好調で急成長を続けていたが、資本自由化を控え、国際競争力強化のために協力会社確保に躍起となっていた。特に、自動車の安定走行に不可欠の防振ゴムは、販売競争の鍵をにぎる重要部門。優秀な協力会社の育成は焦眉の課題だった。

同社は、自動車用接着式防振ゴムを考案、倉敷・丸五ゴム工業専務、工場長として活躍中の秋山に社長候補として白羽の矢を立てた。入社したのは昭和40（1965）年9月。42歳のときである。

●―技術者として接着式防振ゴム開発

秋山は大正11（1922）年12月、児島郡藤戸町天城（現倉敷市天城）に生まれた。天城中学（現倉敷天城高校）では、同級生に後年、瞽女《ごぜ》の絵で著名な斉藤真一がいた。

昭和19（1944）年9月金沢高等工業卒業後、応召で南スマトラ・パレンバンへ。途中、乗っていた輸送船が米潜水艦に撃沈され、10時間も漂流した。九死に一生を得たことが、「人生観をさらに骨太にした」という。パレンバンでは、日本軍が接収した米資本の製油所でゴムの研究に従事した。これがゴムとのかかわりの始まりである。

陸軍技術少尉に任官したが終戦。昭和22（1947）年2月復員後、都窪郡茶屋町（現倉敷市茶屋町）のゴム履物製造、丸五足袋工業所（丸五ゴム工業所の前身）にエンジニアとして入社、研究室にこもる日々が続いた。

同26（1951）年3月、金属とゴムの強力接着に初めて成功、「接着式防振ゴム」として実用化した。同社は工業用ゴム部門を分離独立し、同29（1954）年「丸五ゴム工業所」をスタートさせるほど新製品への期待は大きかった。

秋山は工場長に就任、さらに自動車用防振ゴムの関連部品を次々に開発、同35（1960）年11月には専務に昇進した。研究成果は翌年、山陽技術振興会の「山陽技術功労賞」、同38（1963）年3月「岡山県文化奨励賞（工業技術）」を受賞、ゴム技術者として高い評価を得たが、新販売ルートも率先して開拓、トップセールスの努力も怠らなかった。

●――斬新な工場管理手法の導入

東洋工業が白羽の矢を立てたのは、こんな時である。18年間勤務し、専務にまで上り詰めた地位を捨て、ゼロからのスタートになるが、「迷いはなかった。さらに困難な冒険に挑戦、自分を試したかった」と後年回顧している。絶えず目標に向かって挑戦する性格からすれば「さもありなん」と思われる。

社名を倉敷化工に変更、昭和40（1965）年11月には代表取締役専務に、3年後の同43（1968）年11月社長に就任した。以後平成7（1995）年5月、代表取締役会長を退くまで30余年にわたって陣頭指揮をとった。

技術出身の社長らしく「特長ある技術を持たない企業は消滅する」「過去の技術に甘んじるな。明日に通用する技術がなければ、いずれ敗者になる」と機会あるごとに技術革新の必要性を説いた。

特に次の2点を強調した。一つは社員教育の徹底による資質の向上。もう一つは独自技術の開発である。親会社100％依存からの脱却のねらいもあった。

秋山はまず「生産性向上と明るい職場づくりの切り札」と脚光を浴びていたQC（Quality Control）サークル活動を導入した。生産現場の「班長会」に始まり、事務、営業部門などにも漸次拡大、倉敷市民会館を借り切って社内発表大会を開くほどの盛り上がりを見せた。

次にTPM（Total Productive Maintenance）に取り組んだ。これも、全員参加による生産性の向上と意識改革運動。昭和57（1982）年に生産現場からスタート、班長から組長、現場のオペレーターへと拡大、故障ゼロ、不良品ゼロ、災害ゼロを目指した。

この運動の成果は、平成元（1989）年「PM優秀事業場賞」、同4（1922）年「岡山県文化奨励賞（学術部門）」受賞として開花した。単に不良品や災害の減少ばかりでなく、従業員に精神革命をもたらしたと評価された。岡山経済同友会の代表幹事在任中、岡山大工学部の教授らと産学共同のあり方を研究する中でヒントをつかみ、社内にTPMを定着させたものである。

昭和57（1982）年に完成した商品開発センター、その後に完成の新技術開発センターは、防振ゴムの解析技術の確立などに多大の貢献をした。平成3（1991）年8月に6億円をかけて完成した車輌走行実験装置は、自動車の走行状態を室内で再現できる画期的な装置である。

●—マツダと運命共同体

倉敷化工は売上高240億円（平成19年3月）の70％強を自動車用ゴム部品が占め、また、その70％がマツダ（昭和59年東洋工業から社名変更）向け。現在、デミオ、アテンザ、MPV、RX−8などマツダ車のタイヤを除く足回りパーツのほとんどは、倉敷化工から供給されている。

マツダとの緊密な関係は、秋山が入社当時のマツダ部品工業時代も今も変わらない。当初は年間売上高10億円にも届かない中小企業。以後、同社とともに発展、ピーク時の平成3（1991）年には年間売上高250億円、社員数1100人を超える岡山県下屈指の有力企業に成長した。

一方、秋山は受注製品を納入するだけの体質からの脱却にも挑戦を続けた。社長就任3年目の昭和43（1968）年ごろから数年間、最初の自動車需要が一巡、業界全体の新車売れ行きが伸び悩んだことがある。親会社減産のあおりで操業短縮を強いられ、受注に頼るだけの不安定さも身をもって体験した。

「2年以内に新商品開発の目途をつける」。社内に調査室を設置、プロジェクトチームは全国に飛んだ。成長産業と見られていた住宅、レジャー部門から海洋開発、宇宙関連まで調べた。さまざまな研究機関も訪れた。

結論は「全く異なる分野への進出は成功の可能性が低い。本業の防振ゴム技術を生かして、自動車以外の一般産業分野に進出する」だった。2年間調べたにしては、平凡な結論のように見えるが、秋山は「あらゆる可能性を調べた結果の結論だ。回り道をしたようだが、それなりに意義がある」とメンバーを慰め、産業機器ゴム分野への進出が決定した。

昭和45（1970）年にはプレス、工作機械の脚部に取り付けて防振効果を発揮する「ハイマウント」が開発され、産業機器部門のヒット商品となった。ほかにもウレタンゴムなど各種の一般産業向け防振ゴムの安定した需要は、同社の売り上げを支えた。現在、一般産業用防振、防音ゴムは売上高の30％を占め、最近はエコ関連商品も手がける。

この決断が正しかったことは、その後のマツダの盛衰を見れば明白である。同社は戦後、三輪トラックメーカーとして出発。昭和35（1960）年の軽乗用車クーペの爆発的な売れ行き、同42（1967）年初のロータリーエンジン搭載のコスモスポーツ、大衆車ファミリアの人気など急成長を続けたが、半面、輸出市場の変動、円高による採算悪化などの都度、生産調整を余儀なくされた。

石油危機時の経営難は住友銀行の支援と役員派遣、オーナーの辞任、さらに米のフォード社からの資本参加とめまぐるしく動き、その余波は協力企業に納入単価の切り下げ、操業短縮となってしわ寄せされた。

特にマツダのバブル崩壊後の経営不振は、倉敷化工の売り上げを急激に下降させた。平成7（1995）年5月、秋山が72歳で代表取締役を退いた時には、売上高はピーク時（平成3年）の251億円から160

億円まで落ち込んでいた。その後も落ち込みを続け、後任社長は社員他社派遣、退職奨励の諸制度導入など人件費削減の大ナタを振るう。半生を倉敷化工に捧げた秋山はどんな思いで見つめたか?

秋山は昭和46(1971)年山陽新聞賞(産業功労)、平成5(1993)年「科学技術長官賞」、同9(1997)年、「三木記念賞(産業部門)」を受賞した。いずれも長年の技術開発、産業振興への功労を評価したものである。

岡山県産業教育振興会長を昭和56(1981)年から平成15(2003)年まで22年間も務め、産業教育功労者としての各種表彰も受けている。平成17(2005)年1月28日死去した。享年84。

同社の業績は平成13(2001)年を底に上向き、平成19(2007)年3月期売上高は240億円を記録、過去最高(平成3年)に後一歩まで回復した。また、中国・大連とアメリカに100%出資の現地法人、タイに合弁企業(75%出資)を持ち、国際戦略の展開も進む。

●—岡山経済同友会、岡山県経営協会の改革

秋山は岡山経済同友会筆頭代表幹事を昭和59(1984)年4月から同63(1988)年3月まで4年間務め、画期的といえるほど同友会を改革した。委員会活動の活性化と代表幹事任期の明確化である。それから4分の1世紀が経過したが、その改革実績は継承されている。

岡山経済同友会は昭和22(1947)年8月14日設立された。戦後の荒廃からやっと復興を始めた頃である。経済同友会は今では全国の都道府県に設立されているが、全国でも5番目と立ち上げは早かった。

だが、次第に経済人の仲良しクラブ的色彩が濃くなり、毎月の幹事会は岡山市内の料亭で午前8時からお

米・サンノゼの日本庭園を視察する岡山経済同友会一行。中央が秋山社長。左右は松岡、稲葉両代表幹事＝昭和54年９月

かゆを食べながら報告を聞く程度。20人前後が集まり、15分もあれば議事は終わって世間話をした後、同9時過ぎには散会していた。

秋山は同59（1984）年4月、山陽放送社長（当時）河内山重高とともに代表幹事に就任すると、この早朝幹事会を一変した。会場をホテルに移し、恒例の議事審議の後、毎回著名講師を招き、政治、経済などの講演を約1時間聴く勉強会に変えた。出席者は一気に100人近くに増加、会員間のコミュニケーションも活発化した。

秋山のもう一つの勇断は、代表幹事任期を4年とし、筆頭代表幹事は最後の1期2年と交代人事をルール化したこと。それまでには、20年も筆頭代表幹事を務めた経済人もいたが、マンネリ化は否めなかった。

改革はまだある。代表幹事就任と同時に委員会組織を改編、「ハイテクノロジー」「瀬戸大橋対策」など時宜に適した委員会を新設、地元経済界として行政へのタイムリーな提言の道筋をつけた。「岡山県産業ハイテク化のための提言」は、岡山県産業の進むべき道を示唆した提言として高く評価された。

代表幹事は行政などへの積極的な提言を目指す岡山経済同友会の顔。秋山は同友会の企業経営委員長時代から積極的に発言する論客として知られていたが、同友会そのものを活発に提言する経済団体に変貌させたのである。

同友会代表幹事を退任した同63（1988）年、請われて岡山県経営者協会会長に就任した。同協会は財政基盤が弱い（会費収入が少ない）ことを理由に定例事業だけを細々と続けるだけの組織に弱体化していた。労使紛争も減り、かつてのような日経連の地方組織の色彩も薄かった。

ここでも就任と同時に「発行資料検討委員会」「事業検討委員会」「財務検討委員会」を組織し、活動のブレーキとなっていた会費を中心に抜本的な改革を実施、同協会を「国際化時代の経営者はいかにあるべきか」を考える新時代の経営者組織に変貌させた。この実績は今も引き継がれている。

秋山は生涯、改革にたゆみない挑戦を続ける熱血経営者だった。岡山経済同友会、岡山県経営者協会ともに今年創立60周年を迎えるが、秋山がこれら両組織で果たした改革の意義も大きい。

（07年4月号）

＊参考文献　「倉敷化工株式会社史―四十年―」（倉敷化工社史編纂委員会編）、「躍進する岡山」（岡山経済同友会編）、「躍進する岡山第4部創立五十周年記念誌」（同）、「50年の歩み」（岡山県経営者協会編）、「企業と人　瀬戸大橋時代を生きる」（山陽新聞社編）、「岡山県大百科事典」（同）

小橋工業初代社長　小橋照久

大地、郷土、仕事を愛した「誠実一貫」社長

●――「3度死んだ」人生体験

トラクター向け耕運爪のトップメーカー、小橋工業（岡山市中畦）の初代社長小橋照久（1919〜1991）は、「私はこれまでに3度死んだ男」とよく話した。

最初は20歳代の陸軍下士官時代。中国大陸で敵軍と交戦中、砲弾が近くで炸裂したが、軽傷で奇跡的に助かった。

2度目は昭和45（1970）年3月、政府の打ち出した減反政策に対処、陣頭指揮をとっていたさなか、突如飛び込んできた大口得意先の佐藤造機（島根県）倒産のニュース。「小橋工業連鎖倒産必至」のうわさがかけめぐった。資材納入をストップする業者も出たが、窮状理解を求めて東奔西走。取引銀行の支援もあって、人生最大の危機を乗り切った。

3度目は昭和50（1975）年5月、岡山市内を走行中、社長車が大型トラックに追突され、燃え上がる車中に閉じ込められた。間一髪、奇跡的に脱出できたが、車は完全に焼失した。

小柄、がっしりした体躯にトレードマークのちょび髭（晩年はそっていた）。この体験談を話す時、人懐っこい笑顔がさらに満面の笑みとなって、聞くものを魅了した。

小橋は〝強運〟の男と自称した。しかし、その強運は偶然のものではなく、自ら勝ち取ったように思える。危機に陥っても周章狼狽せず的確に状況判断する術は、長年の体験で会得したのではないか？

仕事には厳しく、社内ではカミナリおやじだが、いつも謙虚で誠実だった。社長室には、元中国銀行頭取守分十が小橋に贈った「誠実一貫」の扁額が今もかかる。生涯これを人生訓とした。

また、新技術に挑み続けた生涯でもあった。「死線を3度乗り越えた男」のサクセスストーリーは、強運ではなく、誠実さと挑戦の成果であろう。

●――ふるさと興除への熱い思い

小橋は大正8（1919）年10月、児島郡興除村中畦（現岡山市中畦）に生まれ、育ち、同所に耕運爪の小橋工業を設立した。

同村は昭和46（1971）年5月岡山市と合併、「興除」の地名は消え、今では小中学校、郵便局、公民館、農協などに名前が残るだけだが、小橋は「土に興る」の言葉に「興除」への思いを込めた。

同社70年史のタイトルも「土に興る」である。農機具メーカーとして大地と深くかかわる耕運爪、トラクター用ロータ一などの製品をつくっていることに起因する。地域名称から消えてしまったふるさと「興除」への愛着も大きかった。

興除地区は、古代より「穴の海」と呼ばれる遠浅の海だった。江戸時代半ばの文政3（1820）年、岡山藩は児島の大庄屋や倉敷代官所の協力で干拓を進め、同6（1823）年約832ヘクタールの新田を完成させた。

江戸時代では岡山藩郡代津田永忠が手がけた沖新田干拓（1918ヘクタール）に次ぐ規模、野﨑武左衛門の倉敷福田新田（543ヘクタール）を上回る。

「興除村史」によると、地名は岡山藩儒者小原梅坡が「管子」の中の「興利除害」から名づけた。明治半ばまでさらに周辺の干拓が進み、隣接の藤田村とともに、各地からの農業移入が勧められ、わが国屈指の大規模農村に成長した。

小橋照久

小橋の祖父勝平がこの興除村中畦に鍛冶屋を開業したのは明治43（1910）年、小橋工業はこの年を創業年とする。仕事場は6坪（約20平方メートル）。お世辞にも広いとは言えなかったが、腕はよかった。

勝平は「鍛冶勝」と呼ばれ、鍬、鎌、押し切りなどの製造修理を手がけた。刃物の切れ味は抜群。農具の改良、工夫にも熱心で、広い田んぼの能率向上のために「飛行機馬鍬《まんが》」と呼ばれる採土機の元祖のような機具を開発、近郷では知られた存在だった。

小橋は興除村立青年学校を卒業すると、この祖父の下で修行を始めた。昭和12（1937）年、18歳の時である。

●—耕耘機の爪車に着目

勝平は腕利きの職人だったが、偏屈だったらしい。気が向けばとことん仕事に熱中するが、気に入らないと、全く仕事をしなかった。その祖父に弟子入りしたのだから、相当しごかれた。勝平にすれば、娘夫婦は朝鮮半島で農機具製造を営んでいたため、小橋を跡継ぎにとの思いがあったのだろう。どんな製品をつくっても、満足してもらえなかった。

若い小橋は反発した。「鍬や鎌では祖父に太刀打ちできないが、新製品で祖父を見返してやろう」。着目したのは耕運機の爪車。隣の藤田村とともに、日本一の機械化農村として脚光を浴びていた興除村では、戦前から耕運機が実用化されていた。

昭和初期には、地元の業者がすでに耕運機を製造販売、同9（1934）年全国初の耕運機技術競技会が興除村で開かれている。統計によると、同16（1941）年興除村には耕運機545台、発動機1626台、揚水機1436台があった。干拓地だけに水利には苦労が多く、発動機と揚水機は灌漑に不可欠だが、耕運機の普及は農業機械化の先進性を物語る。

耕運機といっても、石油発動機を耕作機にすえつけたもので、現在とは比べようもないが、それでも人力に比べ格段に能率はよかった。だが、爪車が鋳物だったため、作業中に壊れることが多く、小橋はこの爪車に着目。祖父勝平から教えられた溶接技術で製作したのである。

鋳物と溶接では強度に格段の差がある。溶接の爪車に注文が殺到した。「溶接技術は近辺の業者は持っておらず、引っ張りだこだった」と小橋は回顧している。「小橋の爪」として、耕運機業界に旋風を巻き起こす第一歩はこの時から始まる。

だが、昭和15（1940）年召集令状が届き、祖父母と仕事に後ろ髪を引かれる思いで姫路輜重《しちょう》隊に入隊、中国戦線に出征した。

●――合併で耕運爪トップメーカーに

小橋は中国大陸を転戦するうちに、故郷へ全く音信不通となった。終戦後も連絡がとれなかったが、昭和21（1946）年4月、ひょっこり帰ってきた。26歳の時である。「留守宅の祖父母は転げまわるほど喜んだ」という。

復員した小橋は直ちに家業再建に取り組む。当時、農村は農地改革が進行中で、自作農が続々と生まれていた。一方、食糧危機は深刻、食糧大増産は緊急課題だった。特に、機械化農村のモデル地区だった興除、藤田村では、大型で効率のよい農機具の需要はひときわ強かった。

またとないビジネスチャンスが目前にあった。小橋は戦前、祖父から学んだ鍬、鎌、押し切りなどはもちろん、除草機、播種機、削出機、揚水機など畜力、動力を利用したあらゆる農機具を手がけた。造るそばから飛ぶように売れた。

農機具の工夫、改良にも熱心だった。中でも昭和25（1950）年発売の万能耕作機は大ヒット。部品を取り替えることで、草削り、中耕、畦上げの3役をこなす〝働き者〟で、干拓地の麦作に重宝がられ、ほとんどの農家が購入したという。

これら農機具の需要増大に対応、昭和27（1952）年9月有限会社小橋農具製作所（同33年株式会社に改組）を故郷の興除村中畦に設立した。資本金80万円、社員20人。ささやかな出発だったが、この時、すでに耕運爪の将来性に着目していた。1本1本ハンマーで叩く手作業の爪を量産化する計画だった。

一方、隣村の藤田村では、弟の正志が昭和32（1957）年に小橋鍛造有限会社（資本金100万円、社員20人）を設立、農機具製造とともに、耕運爪の流れ作業による製品化の研究に打ち込んでいた。

両社は昭和35（1960）年9月合併、本社を小橋農具の所在地におく小橋工業株式会社（資本金100万円、社員120人）を設立。社長は小橋照久、専務（のち副社長）に弟の正志が就任し、生産品目を耕運爪一本に絞って再出発した。

研究熱心な小橋は、農林省、大手耕運機メーカーなどで需要見通しを調べ、耕運爪の将来性を確信した。耕運機は将来300万〜350万台の需要が見込める。1台に爪は16〜18本必要、しかも消耗品、無限の需要がある、とはじいたのである。まもなく同社の耕運爪生産量は月産20万3000本となり、業界トップに躍り出た。

●—最大の危機は佐藤造機倒産

合併後の小橋工業は、耕運爪ラインの増設と連続熱処理炉完成などでさらに躍進。昭和39（1964）年5月には大型農作業機分野に進出、のちに耕運爪と並ぶドル箱商品となる大型ローターの生産販売を始めた。まさに順風満帆だった。爪は5ラインに増設（昭和43年）月産90万本を記録、同44（1969）年には中型ローター、自走式圃場運搬車「パデカー」も販売開始した。

だが同45（1970）年3月、同社は一挙に奈落の底に突き落とされる。凶報が飛び込んだのである。大口得意先の佐藤造機（島根県）が会社更生法の適用を申請した。前期（昭和43／9〜44／8）の小橋工業売上高は12億4000万円。その1割弱の売掛金が回収不能の恐れがあった。まさに創業以来の大ピンチだった。

突然の凶報のようだが、兆しはあった。食糧増産の大号令で国を挙げて取り組んできた米作りの環境が変わり始めていた。国民の食生活の変化、単位面積当たりの収量増加で米の余剰が表面化。昭和44（1969）年4月、農林省はついに稲作転換特別対策を発表、減反政策を断行した。

この政策は当然ながら、すべての農機具メーカーに大きな影響を与えた。小橋工業は高度成長の波に乗り、年率10％以上で売り上げを伸ばしたこともあったが、前期をピークに売り上げが鈍化し始めていた矢先の大口得意先の倒産。「小橋工業の倒産必至」のうわさが駆けめぐった。

小橋が本領を発揮するのはこの時である。佐藤造機の会社更生法申請を確認すると、当然のことながら直ちに取引銀行（中国銀行）に駆けつけた。今では詳細なやりとりは分からないが、懸命に善後策を説明する誠実そのものの姿勢が目に浮かぶようだ。「中小企業投資育成会社であり、農機具の改良、発明で数多くの実績のある小橋工業を倒してはならない」という支援の声も強かった。

1週間後には再建案が了承され、銀行は「小橋支援」を決定した。最大の危機は脱したが、小橋は「心労と肉体疲労で小便に血が混じった」と述懐している。この後、資材納入業者の説明にも誠意を尽くし、理解を取り付けた。

この期（昭和44／9〜45／8）の売上高は11億3700万円と初めてダウン、経常損益は3670万円の大幅赤字、翌年も少額だが赤字、2年連続で経常損益は赤字を計上したが、小橋は「貴重な体験だった。以後、成長性、収益性、安定性のバランスを一層配慮するようになった」と語っている。

●―相次ぐ新製品開発

た。

「人生最大の危機」を乗り切ったが、昭和48（1973）年秋にはオイルショック、資材高騰に翻弄された。翌年には過剰在庫対策で耕運爪ラインを1カ月停止した。しかし業績は次第に回復、再び安定軌道に乗った。

小橋工業は技術に生きる会社である。この間にも新製品開発、技術革新に挑み続けた。創業以来現在までに出願した特許、実用新案は1600件を超え、約700件が登録され、発明協会の地方発明表彰は昭和53（1978）年から28年間連続受賞している。小橋が社長時代の主なものを挙げると――

①「Z爪」の販売

昭和49（1974）年旧ソ連の工業所有権輸出入公団と提携契約を結び、特殊硬質合金の被覆技術を耕運爪生産に応用し、爪寿命は2倍に。使用すればするほど刃先が鋭利になる特性があり、今でもローターなどに装着されている。

②野菜用播種育苗機の開発

野菜の栽培分野に初めて進出。播種、間引き、移植など手間のかかる野菜栽培を一気に省力化した。またトマト、ニンジンなど種子の袋詰めを播種する技術をオランダのロイヤルスイス社と提携、導入。

③耕運爪自動化ラインの完成

一定の大きさに切断された爪材料の加熱、圧延、整形、切断、鍛造などの複雑な工程を自動的に処理する画期的な開発。長男で現社長の一郎が入社直後の昭和52（1977）年、ライン建設責任者となり「工事現場に寝泊りするほどの苦労」を重ねながら1年余りで開発した。加熱から鍛造まで5～8人の要員は2人に減り、人件費の削減、納期の短縮、仕掛品の減少など業績向上への貢献度は高かった。

●―夢を引き継いだ現社長一郎

小橋は平成2（1990）年会長に退き、翌年6月71歳で死去した。昭和55（1980）年の創業70周年、会社設立20周年は、企業人として最も至福の時だった。

売上高は初めて50億円を突破、経常利益（4億1000万円）当期利益（1億8000万円）はいずれも過去最高。20平方メートルの作業場は、工場敷地約2万3000平方メートル、建て屋面積約1万1000平方メートル、耕運爪メーカートップの地位を不動のものにしていた。この年には本社新社屋も完成、地元の興除中学校に寄付する柔道館の起工式も行った。

「5年後には倍増の100億円達成」とぶち上げた長期5カ年計画は、農業をめぐる環境の厳しさから大幅に遅れたが、平成17（2005）年、現社長一郎の手で達成、財務内容も大幅に改善した。

100億円の売り上げのうち、今ではトラクターが牽引する大型、中型各種ロータリー、代かき機、あぜ塗り機などが6割を占める。特に田植えシーズンに田のあぜ塗りを自動的に行う「ガイア」は人気商品。あぜ土のかき揚げ、成形、固く締め上げる作業を自動的に行うほか、従来は困難だったあぜの隅の部分も自動的に行う。

一方、創業以来手がける耕運爪はトップメーカーの地位を今も維持する。同社が生産する爪は材質、形状、曲がり具合などによって2000種類を超える。土質、栽培作物、耕運機の種類、馬力などの違いによるさまざまな農家のニーズに対応するためだ。

一郎が社長に就任して16年、3年後には創業100周年を迎える。小橋はあの世で最近の同社の発展ぶりに「一郎、よくやった」と好きな「王将」の替え歌「小橋王将」＝左記＝を口ずさんでいることだろう。

1、吹けば飛ぶような耕運爪に
かけた命を笑わば笑え
生まれ備前の興除の村で
土も知ってるおいらの意気地
2、あの手この手の経営の苦労
汗と油で今年も暮れる
愚痴も言わずに300の社員
つくる笑顔がいじらしい
3、〈略〉

（07年5月号）

＊参考文献　「土に興る」（小橋工業編）、「興除村史」（興除村史編纂委員会編）、「せとうち産業風土記」（山陽新聞社編）、「企業と人　瀬戸大橋時代を生きる」（同）、「岡山県大百科事典」（同）、「岡山県歴史人物事典」（同）

あとがき

「企業に歴史あり、人にドラマあり」という。企業が設立され、草創期、成長期を経て安定経営にたどりつくまでには、さまざまな苦難の歴史があり、かかわった人々のドラマがある。また安定期にはいっても、あぐらをかくことは許されず、さらに永遠の発展を宿命づけられる。

企業は生き物でもある。「上り坂」「下り坂」「まさか」の3つの〝坂〟が果てしなく続く。一寸先は闇、奈落が待ち受けていることもある。そのたびに、人々の必死の生き様がある。

本書は企業とともに歩み、その運命と懸命に格闘した瀬戸内の経済人の歴史であり、物語でもある。明治の黎明期から平成の現代まで20人余のドラマティックな人生にスポットを当てながら、企業と人とのからみあいの解明を試みた。

中国銀行の関連団体・財団法人岡山経済研究所発行の経済誌「岡山経済」に、2005年6月から2007年5月まで連載した「ヒューマンドキュメント　瀬戸内の経済人」2年分を、まとめたものである。同研究所のご好意で吉備人出版から出版できることになったのは、望外のよろこびである。

編集の都合上、登場人物を明治編、大正編、昭和・平成編に分けたが、明治から大正、あるいは大正から昭和へと驚くほど長期間にわたって、活躍した人もいる。そうした場合、主要活動時期にポイントをおいた。

連載中多数の方々の励ましをいただいた。「初めて知る歴史的事実が面白い」というのが圧倒的に多かった。銀行支店内で行員の皆さんが熱心に読んでいることを知った。ある経済団体からは職員のテキストに使っていることを教えられた。多くの激励を受け、今後も埋もれた事実の発掘に努めたいと思う。

なお、2年間には経営数字の変化、役員の異動などもあるが、末尾に掲載号を付記し、連載当時のままにしたことをお許しいただきたい。文中の敬称も省略させていただいた。

赤井克己

平成19年8月

著者紹介

赤井克己（あかい・かつみ）

1934年岡山県生まれ。58年に山陽新聞社入社。編集局長、常務、専務を経て、98年山陽印刷社長。2002年同社退任と同時にハワイ・日米経営科学研究所に留学、国際ビジネスを学ぶ。英検１級、国連英検Ａ級、Ｖ通訳英検Ａ級。神戸大経営学部卒。87年、山陽新聞連載企画「ドキュメント瀬戸大橋」取材班代表として新聞協会賞受賞。著書に『67歳前社長のビジネス留学』（私家版）『おかやま雑学ノート』（第１集～第４集）のほか、共著に『岡山人じゃが』（第１集～第３集）など。

瀬戸内の経済人―人と企業の歴史に学ぶ24話

２００７年9月29日　発行

著　者　赤井克己

発行者　吉備人出版

〒700-0823　岡山市丸の内２丁目11―22

電　話　０８６（２３５）３４５６

ファクス　０８６（２３４）３２１０

ホームページ　http://www.kibito.co.jp

Eメール　mail:books@kibito.co.jp

印　刷　株式会社 三門印刷所

製　本　有限会社 明昭製本

ISBN978-4-86069-178-3　C0095